世界7大教育法に学ぶ

才能あふれる子の育て方 最高の教科書

正解のない時代を「たくましく生きる力」を育てる

教育ジャーナリスト おおたとしまさ

HOW TO BRING UP A CHILD FULL OF TALENT

Learning from the world's seven major education

Toshimasa Ota

大和書房

「正解のない時代」に子育てする
すべてのお父さん、お母さんへ

どんな世の中になっても生きていける子どもを育てるために、できることは何か。
「世界の教育法」のなかに、そのヒントがあります。

はじめに

高度成長期そしてバブル崩壊後、日本社会は長く景気停滞期に入っています。産業社会から情報社会へと移行し、経済のグローバル化が進み、今後はＡＩ（人工知能）が人間の仕事を奪うとまでいわれています。

先行き不透明な時代とか、正解がない時代などともいわれます。そんな時代に、子どもたちをどう育てればいいのか、親たちは途方に暮れます。行政はさかんに教育改革を訴えます。「でも、何をすればいい？　どう変える？」。そのヒントを、本書では、世界の教育法に求めます。

モンテッソーリ教育やシュタイナー教育といった名前くらいは聞いたことがあるひとが多いのではないでしょうか。

将棋の藤井聡太プロはモンテッソーリ教育の幼稚園に通っていたことが知られています。海外に目を向ければ、オバマ元大統領やマイクロソフトのビル・ゲイツもモンテッソーリ教育出身です。では、モンテッソーリ教育を受ければ、みんな大物になれるのか……？

シュタイナー教育は、自然派のスローライフ系のライフスタイルを好むご家庭に根強い人気があります。『はてしない物語』や『モモ』の作者であるミヒャエル・エンデはシュタイナー教育の学校に通っていたことがあるそうです。直接影響を受けたかはわかりませんが、彼の作品のなかに流れる空気感は、シュタイナー教育の幼稚園や小学校に流れる空気感とそっくりです。では、シュタイナー教育を受けると、創造力が豊かになるのか……？

世界2大教育法と呼べるこれらの教育法を第1部にまとめました。

第2部では、どちらかといえば学校教育のあり方に主眼を置いた5つの教育法を紹介します。レッジョ・エミリア教育、ドルトンプラン教育、サドベリー教育、フレネ教育、イエナプラン教育の5つです。

教育関係者でないかぎり、名前すら聞いたことがない教育法が多いかもしれません。「モンテッソーリ」「シュタイナー」「フレネ」は創始者の名前です。「レッジョ・エミリア」「ドルトン」「サドベリー」「イエナ」は地名がもとになっています。

レッジョ・エミリア教育は、イタリアの小さな街から始まった幼児教育です。教育のなかにアートの要素をとりいれていることが特徴とされています。

ドルトンプラン教育とサドベリー教育はアメリカ発祥。幼児から小中高までの年齢層をカバーします。ドルトンプラン教育は個別に課題を進めていくことに特徴があります。サドベリー教育は、徹底的な自由と自治を追求した学校のスタイルです。

フレネ教育はフランスの田舎で生まれました。イエナプラン教育はドイツで生まれ、オランダで育ちました。いずれも小中高の学校で採用されており、この2つはちょっと似ています。

これらの7つの教育は、欧米では「オルタナティブ教育」と呼ばれます。「オルタナティブ」とは「別の選択肢」という意味です。産業革命以降世界を席巻している、工場で働かせるのに都合がいい人材を効率よく製造するための画一的教育に対するアンチテーゼです。

ただそれでは「代替品」のニュアンスも感じられてしまうので、より前向きな表現として「プログレッシブ教育」という呼称も使われます。日本語にすれば「進歩的教育」となるでしょうか。本書でこれらの教育法をまとめて呼称する際は、便宜上「進歩的教育」という言葉を使用することとします。

これらの教育の源流にはおそらく、18世紀の思想家ジャン＝ジャック・ルソーがいます。ごく大雑把にいえば、思想的にはドイツの哲学者ヘーゲルやアメリカの教育思想家デューイがその系譜を受け継いでおり、これをピアジェやヴィゴツキーが心理学的な側面から補強し、「進歩的教育」は発展しました。

本書では、章ごとに1つの教育法について説明します。教育法のおいたちや理念、そして日本でその教育法を実践する現場のレポートを、それぞれ掲載しています。これだけのページ数でそれぞれの教育法のすべてを正確に説明できるはずもありません。本書における各教育法の説明は、私の独自の解釈を多分に含んでいます。また、取材対象に、あくまでも取材のしやすさ、描きやすさという観点からのチョイスであり、本書に掲載されている園や学校が必ずしも私のおすすめではないことはご了承ください。

本書には、3つの役割があると思っています。

1つめは、わが子を通わせる園や学校を選ぶ基準として、これらの教育法について知ることができること。2つめは、実際にこのような教育を行っている園や学校には通わせなくても、子育ての参考として、これらの教育法の視点をとりいれることができること。3つめは、社会の一員としてひとりでも多くのひとが世界の教育の多様性を知り、日本の教育を変える心の準備ができるようになること。

各教育法についてさらに詳しく知りたくなったかたのための参考図書も各章のおわりに掲載しています。

保護者、教員、その他教育関係者……、それぞれの立場から、それぞれの方法で、本書を活用してほしいと思います。

教育現場レポート

先生インタビュー

子育てに役立つヒント

第2章 シュタイナー教育

PART 2 世界で認められている5つの教育法

第5章 サドベリー教育

PART 1

知っておくべき世界の2大教育法

第1章

モンテッソーリ教育

「おしごと」を通して子どもがみずからを教育する

モンテッソーリ教育の概要

創始者・おいたち	マリア・モンテッソーリ　Maria Montessori　1870 ～ 1952 イタリアの女性医師。精神に障害をもつ子どもを観察することで発達の法則を見出し、1907 年ローマの貧民街で「子どもの家』を開設したのが始まり。実地的に新しい教育法を考案した。
理念・スローガン	自立していて、有能で、責任感と他人への思いやりがあり、生涯学び続ける姿勢をもった人間を育てる。
特徴・キーワード	子どもにはみずからを成長させる「自己教育力」が備わっている。子どもはそのときどきに自分にとって必要な活動を自発的に選択することができる。それを「敏感期」と呼ぶ。適当な活動に取り組んでいると「集中現象」が生じる。いわゆる没頭状態になる。モンテッソーリ教育を行う教育施設では、異年齢混合クラスで、子どもたちが自発的にみずからの「敏感期」に応じた「おしごと」をそれぞれに選択して行う。
著名人	藤井聡太（プロ棋士）、バラク・オバマ（元アメリカ大統領）、ビル・クリントン（元アメリカ大統領）、ヒラリー・クリントン（政治家）、ウィリアム王子（イギリス王室）、ヘンリー王子（イギリス王室）、ピーター・ドラッカー（経済学者）、ビル・ゲイツ（マイクロソフト創業者）、ラリー・ペイジ（グーグル創業者）、セルゲイ・ブリン（グーグル創業者）、ジェフ・ベゾス（Amazon 創業者）など。

「モンテッソーリ教育」ってどんな教育法？

世界的リーダーを続々輩出

「なぜ静かにできないんだろう？」「なぜがまんできないんだろう？」「なぜ言うことを聞かないんだろう？」……。子育てをしていると、子どもの困った言動を目のあたりにして、ネガティブな意味で「この子はなぜこんなことをするんだろう？」と感じてしまうことがありますよね。

たいていのひとは、この「なぜ？」が自分に向けられた問いであることに気づきません。真摯に問いに向き合う代わりに、「なんでこの子は……ダメなのかしら」と子どもに対する非難の気持ちを強めます。そして、「しつけ」と称して、大人の権力や腕力で子どもをコントロールしようとします。

でも、思いこみや偏見を手放し、この問いに真剣に向き合ったのがマリア・モンテッソーリでした。大人からみれば困った言動をする子どもに対し、非難の気持ちを向けるのではなく、類《たぐ》い希《まれ》なる観察力をもって、「その言動の裏には何か理由があるはずだ」と考えたのです。彼女自身、女性に対するひどい偏見や差別に耐えながら、医師としての道を切り開いた経験があったから得られた視点かもしれません。

モンテッソーリは、教育者として有名になったあとでも、権力に屈しない、信念の人でした。一度はイタリアの学校にモンテッソーリ方式が導入されますが、第二次世界大戦に至る過程では、ファシズム化するイタリア国家に加担したくないと反発したために弾圧を受けます。「子どもの家」はすべて閉鎖され、モンテッソーリは最終的にオランダに移住します。

モンテッソーリ教育には「平和教育」とくくれるようなパッケージ化されたプログラムはありません。しかし、「自由な個」がたがいの自由を尊重し合うなら、おのずと平和な世界になるだろうと想像できます。むしろ、いくら国際条約や法律を整備したところで、そのような教育なくして真に平和な世界は実現しないだろうことも、想像できます。実際、マリア・モンテッソーリはノーベル平和賞に3度ノミネートされています。

モンテッソーリ教育を受けた有名人としては、オバマ元大統領、マイクロソフトのビル・ゲイツ、グーグルのラリー・ペイジなど錚々《そうそう》たる名前が挙がります。ラリー・ペイジなどは、自身の実業界での成功がモンテッソーリ教育の賜物《たまもの》であると公言しています。

知的障がい児へのまなざしから始まった

知的障がいをもつ子どもたちが保護される施設で、食事の時間が終わると、子どもたちは床に落ちたパンくずをあさることに熱心になっていました。その様子に嫌悪の目を向ける職員がほとんどでした。床に落ちたパンくずまで拾って食べようとするはしたない子どもたちだと見下していたのです。

しかし若き医師マリア・モンテッソーリは違いました。食欲のためでなく、知的欲求にしたがって、パンくずを集めているのではないかとひらめきました。おもちゃも何もない牢獄のような部屋のなかで、パンくずこそが唯一、彼らの知的好奇心を満たす対象なのではないかと気づいたのです。

そこで、円柱をそれがすっぽり収まる台のなかにはめこむおもちゃを与えてみると、それを夢中になってくり返したというのです。「円柱をはめこむおもちゃ」というのはちょっと意味がわかりません。これは私の想像ですが、おそらく、薬の調剤などに使う上皿天秤《うわざらてんびん》の分銅が手もとにあり、とり急ぎそれをパンくずの代わりに与えてみたのではないかと思います。それにそっくりな教具が現在もモンテッソーリ教育では使用されています（写真1）。

写真1 ▶ モンテッソーリ教育で使用される教具

大人の基準からみれば「はしたない」とみえる子どもの行動のなかに、子どもの成長の鍵をみいだしたのです。大人の基準で子どもを評価するのでなく、子どもがいままさに何を感じているのか、考えているのか、しようとしているのかを観察する。そのまなざしが、モンテッソーリ教育のはじまりでした。

というのが有名な話ですが、この話には実はさらに伏線があります。

モンテッソーリ教育の発案者マリア・モンテッソーリは、1870年イタリアに生まれました。並々ならぬ苦労のすえに、1896年にはローマ大学初の女性医学博士となります。しかし医学を志す女性に対する当時の偏見や差別は熾烈《しれつ》でした。

孤独のなかで心が折れかけて解剖室を飛び

出したとき、彼女はホームレスの母子に出会います。モンテッソーリの目をとらえたのは、必死にもの乞いをする母親のかたわらにいた子どもでした。腹ぺこに違いありません。それでもその子は、小さな色紙の切れ端を手にして、夢中で遊んでいたのです。

このシーンと、施設の子どもたちがパンくず拾いに興じる姿が重なったのでしょう。そして何より、彼女自身、医学部唯一の女性として偏見と差別の目を向けられる日々のなかで、上から目線の決めつけに対する猛烈な反発を覚えていたはずです。それが彼女に、子どもという社会的弱者へのあたたかいまなざしを与え、教育者としての眼を開かせたのではないかと私は思います。

無駄にみえる子どもの言動を大切にする

話を戻しましょう。知的障がいをもつ子どもたちの施設で、モンテッソーリは「奇跡」を起こします。モンテッソーリが働く施設では、どうしようもなく知能が低いと思われていた子どもたちが読み書きを覚え、学力テストにおいて一般的な子どもたちと遜色《そんしょく》のない結果を残すまでになったのです。

そこでモンテッソーリは考えます。おなじ方法を適用すれば、一般の子どもたちの発達を助け、個性を解放させてあげられるのではないか。そこで大学に戻り心理学と哲学を学びました。

モンテッソーリは後年、若い教師に次のような言葉を贈っています。

「自分の考えが、とりとめのないように思えるときにも、また、自分の目的が、ぼんやりとしかわかっていないときにも、自分の力を集中するということ自体が尊い行いであり、やがて、その結果も実を結ぶことでしょう」

若かりし自分の体験をもとにしていることはいうまでもありません。

おなじころ、こんな言葉も残しています。

「それはあたかも、まだ何であるかわかっていない使命のために、自分自身を備えているようなものであった」

私がここでこれらの言葉を引用するのは、モンテッソーリのひととなりを説明するためだけではありません。これこそが、子どもに向けるべきまなざしのヒントだろうと思うからです。

大人の目からみれば取るに足らないこと、むだなこと、むしろ余計なことをしているようにみえる子どもの言動のなかにこそ、のちにどんなに大きな実を結ぶかわからない可能性が秘められている。その可能性に気づき、信じ、はげますことができるかどうか。それが子どもの才能と個性を解放する鍵なのではないでしょうか。それが教育の本質ではないでしょうか。

ローマの貧民街で「子どもの家」創設

医学博士になって10年が経つころには、モンテッソーリの名は、知る人ぞ知る存在になっていました。そして転機が訪れます。いわゆる貧民街を再生するプロジェクトの一環として、日中、未就学児の世話をする施設の運営をまかされたのです。それが最初にできた「子どもの家」でした。１９０７年のことです。

当時、貧民街の両親の多くは共働きで、今日の糧を得ることだけで精一杯。日中、放置された子どもたちがあちこちでトラブルを起こすことが問題になっていました。今風にいえば「社会的ネグレクト」の状態でした。

施設といっても、裏長屋的アパートの一室です。しかしそこでモンテッソーリは大胆にも宣言します。

「これは、いつの日か全世界が話題にするようになる一大事業のはじまりです」

変化はすぐにあらわれます。

「かたわらにどっさり種麦を用意した農婦が、種蒔《ま》きに適した肥えた土地をみつけたときのように、私は仕事にとりかかりました。しかし、私はどうやら感違い（原文ママ）をしていたようです。私が麦の代わりに金塊をみつけたのは、畑の土くれをおこすかおこさないうちでした。畑の中には宝が隠されていました。自分では農婦になっていたつもりでしたが、どうやら、自分の手に宝をみつける鍵をもっていたことすら知らない、愚かなアラジンだったわけです」

モンテッソーリははじめ、時間をかけて子どもたちを育てようと思っていたのでしょう。しかし子どもたちをつぶさに観察することで、モンテッソーリは気づくのです。「子どもにはみずからを自分の力で育てていく力が備わっている」と。

モンテッソーリ教育では、子どもに備わるその力を**「自己教育力」**と呼びます。モンテッソーリ教育の核となる概念です。

従来の子どもを管理し教えこむ教育スタイルから、教師が子どもに与える影響を最小限に減らした教育へと、コペルニクス的転換が始まります。１９０８年にはすでに、モンテッソーリの名は、世界中に知られるようになっていました。

子どもが安定して育つ4つのステップ

モンテッソーリ教育では、0〜6歳を**「幼児期」**、〜12歳を**「児童期」**、〜18歳を**「思春期」**、〜24歳を**「青年期」**と区分します（図1）。だいたい24歳までに考え方や志向が安定し、自立すると考えます。

自分で自分の身体を使い、心を発達させようとするのが「幼児期」です。その時期に、子どもがみずからしようとすることを、大人がじゃましたり、せかしたり、放っておいたりすると、子どもの精神的エネルギーと肉体的エネルギーがうまく統合されず、不安定な状態の子どもになってしまうとモンテッソーリは考えました。

幼児期に不安定さを身につけ固定されてしまうと、児童期、思春期、青年期も不安定な土台のうえに積みあげられていくことになりかねません。

モンテッソーリは、子どもの「欠点」や「困った状態」を矯正するのではなく、4つの段階で子どもを安定させる方法を考案しました。第1に「子どもが出会ったものに自由にとりかかる」こと。第2に、「やり始めたことにつづけてとりくむ」こと。第3に、「そのことに全力を傾ける」こと。第4に、『『できた』という気持ちで自分からやめる」こと。

図1　発達の4段階

幼児期　0～6歳

身体も心も人生で最も大きく成長する時期。数多くの敏感期が現れます。五感を通してたくさんの体験をすることがだいじです。

↓

児童期　6～12歳

友だちが大切になって、一緒に活動したがります。道徳心やモラルが生まれてくるのもこの時期です。

↓

思春期　12～18歳

幼児期に次いで、心と身体が大きく生まれ変わる時期です。友だちとの関わりは、より重要なものになっていきます

↓

青年期　18～24歳

自分の好きな分野、得意な分野で、社会に貢献することができるようになります。

出典：『家庭でできるモンテッソーリ　全３巻（ＤＶＤ付き）』（学研教育出版刊）

このプロセスを通じて、独立心と協調性を合わせもった、正直で優しく、正義感があり、忍耐強く、従順かつ自由な子どもへと成長することがわかったのです。

「そこにはまだいないけれど、その子のなかにはもうひとりの新しい子どもがいるのです。そこにはまだいないけれど、必ずあらわれる子どもの高い資質を信じつづけなければなりません」とモンテッソーリはいいました。

「おしごと」でみずからを育てる

つまりこういうことです。

子どもにはみずからを自分の力で育てていく力が備わっている。すなわち「自己教育力」の導きによって、子どもはそのときどきにおいて自分自身を発達させるために必要な課題にとりくみます。モンテッソーリ教育ではそれを**「おしごと」**と呼びます。

子どもは手あたりしだいにおしごとにとりくむわけではありません。発達にはおおまかな段階があり、その順番に沿ってそのときどきに必要なおしごとにとりくみます。そのタイミングのことを**「敏感期」**といいます。

敏感期に適したおしごとをみつけると、**「集中現象」**が起こります。大人からみると意味がわからない、むだにみえる、むしろ困った行動にみえるような行為でも、子どもがその行為に没頭している場合、集中現象のなかにいると考えられます。

たとえばティッシュペーパーをぜんぶ引きだしてしまったり、ママの口紅で顔中を塗ってしまったり、わざわざ道路脇の幅の狭い縁石のうえを平均台を渡るように歩いたりするようなとき。子どもは、自身の自己教育力の導きにより、そのときになすべきトレーニングをしているのです。それを満足がいくまでやりとげ、「できた！」という感覚を味わうと、次の課題にとりくみ始めます。

子どもの敏感期の出現を感じとり、子どもが安全に集中できる適切な環境を整えるのが大人の役割です。「今日はこれを教えよう」「次はあれを教えよう」などと、大人が勝手に意気ごむ必要はないのです。

6歳までに集中する「敏感期」

敏感期は0～6歳に集中しています。この時期にあらわれる敏感期を大きく分けると、**「言語の敏感期」「秩序の敏感期」「運動の敏感期」「感覚の敏感期」「数の敏感期」「文化の敏感期」**となります。

「言語の敏感期」は母親のお腹のなかから始まっています。そこから3歳くらいまでは「話しことばの敏感期」です。3歳以降は「文字に対する敏感期」があらわれます。

「秩序の敏感期」は生後6カ月くらいから始まり、1歳半から2歳半くらいにとても強くでます。ものの位置や順番、やり方などに強いこだわりがでます。いつもと違うととても機嫌が悪くなります。いつもとおなじ状況のなかで、自分をとり巻く環境と自分との関係を把握したいと思っている時期なのに、それが邪魔されるからです。しかし敏感期を知らない大人から「こだわりが強い」「神経質」「わがまま」などとレッテルを貼られがちな時期でもあります。

「運動の敏感期」の「運動」とは、子どもの動作全般を意味します。ティッシュペーパーを引きだすなどの「いたずら」も、運動の敏感期のあらわれだと考えられます。3歳以降は動作が洗練され、6歳くらいには、たとえばコップの水をもう1個のコップの目盛りにぴったり合うように移し替えることができるようになったりします。

「感覚の敏感期」は、いわゆる五感を鍛える時期です。食べものをこねくりまわしぐちゃぐちゃにしてしまうのは、食べものを舌で味わうだけでなく、目でみて、手で触れて、そのときに発する音までも認識したいという無意識のあらわれです。「赤い」「丸い」「重い」「甘い」「叩くと鈍い音がでる」などの五感を通して得られる情報を統合して「りんご」という存在を理解します。実感をともなわない段階で「りんご」という言葉だけを教えてもさほど意味がないと考えられます。

「数の敏感期」は4歳ごろからあらわれます。ものの数、順番、量などに興味をもちます。数字を書くとか計算するとかではなく、数の概念を体験することから始めます。勉強としての算数の押しつけは、無意味どころか、その後の学習意欲を減じる可能性すらあると指摘されています。

「文化の敏感期」とは、虫や恐竜、花や食べもの、世界や宇宙に対する興味が強まる時期です。わかりやすくいえば、理科や社会、音楽、美術、体育への入口です。言語の敏感期や数の敏感期を通して得たものを利用して、いよいよ世界を知る冒険が始まるのです。

「教える」のではなく「環境を整える」

《自己教育力→敏感期→集中現象》のサイクルを十分に発揮させるために、3〜6歳を対象とするモンテッソーリ教育の環境では、主に5つの教育分野が用意されています。**「日常生活の練習」「感覚教育」「言語教育」「算数教育」「文化教育」**です。お部屋のなかに、それぞれのコーナーがあります。

大雑把にいえば、「日常生活の練習」が「運動の敏感期」に対応し、「感覚教育」が「感覚の敏感期」に、「言語教育」が「言語の敏感期」に、「算数教育」が「数の敏感期」に、「文化教育」が「文化の敏感期」に対応しています。日常生活の練習から感覚教育へ進み、その後、言語、算数、文化の各分野へと進むのがおおまかな流れです(図2)。

子どもがそれぞれの敏感期に応じたおしごとをみつけ、それに集中できる環境を整えてあげることが大人の役割です。適切な環境が与えられれば、子どもはみずからの自己教育力に従って、そのときに必要なおしごとをみつけます。そこで、また大人の出番です。言葉でやり方を教えるのではなく、お手本をみせてあげるのです。これをモンテッソーリ教育では「提示」といいます。

子どもを頂点として、大人と環境とがそれを支える三角形を、モンテッソーリ教育の理念を象徴する図として、**「モンテッソーリの三角形」**と呼びます(図3)。

「叱ること」はしつけではない

子どもの困った行動や悪い癖は厳しく叱っても優しく諭しても根本的には直せないとモンテッソーリは気づきました。むしろ指導や命令から解放して、子どもに「自由」を与えるこ

図2　感覚教育は全ての教育の基礎

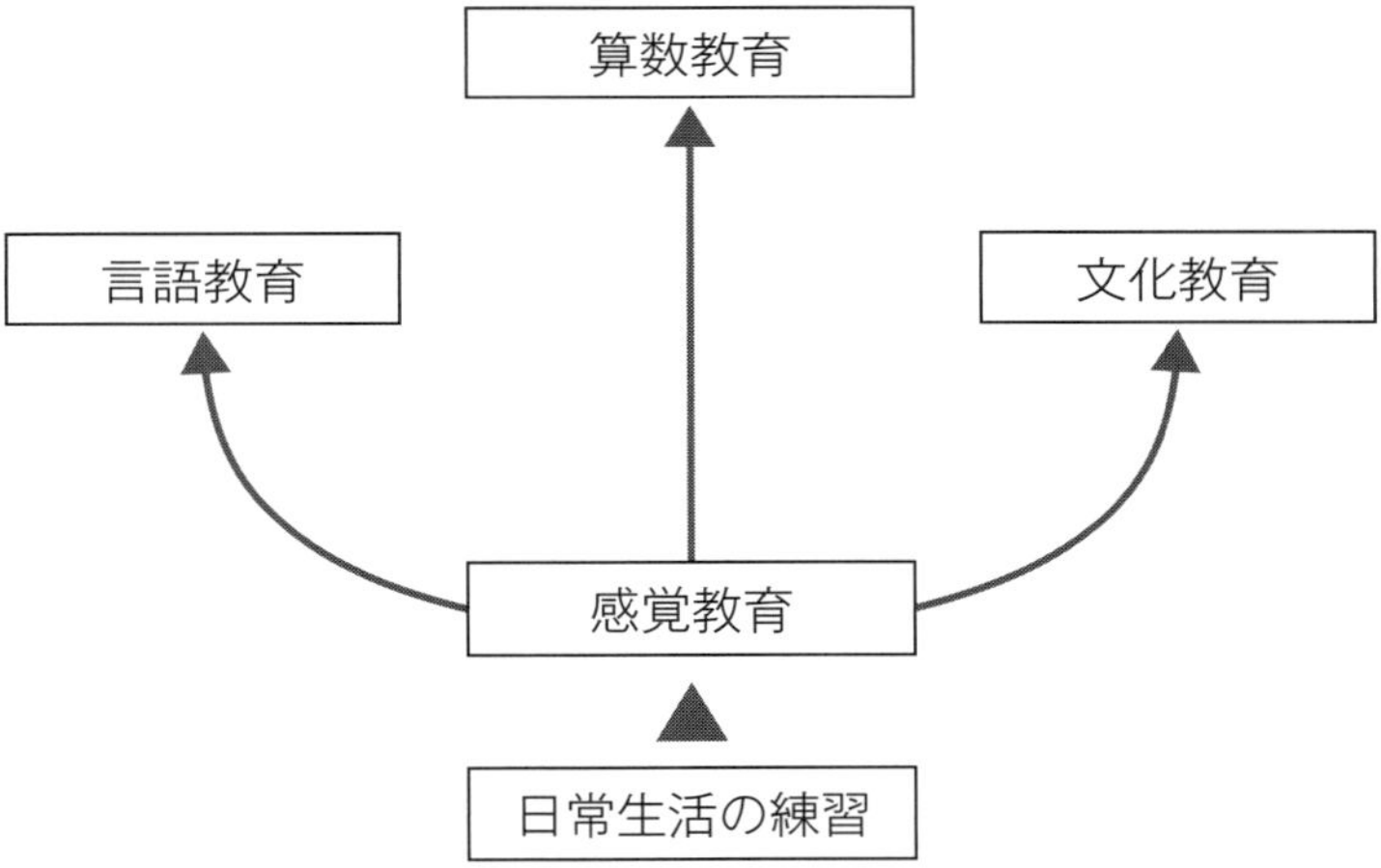

図3　モンテッソーリの三角形

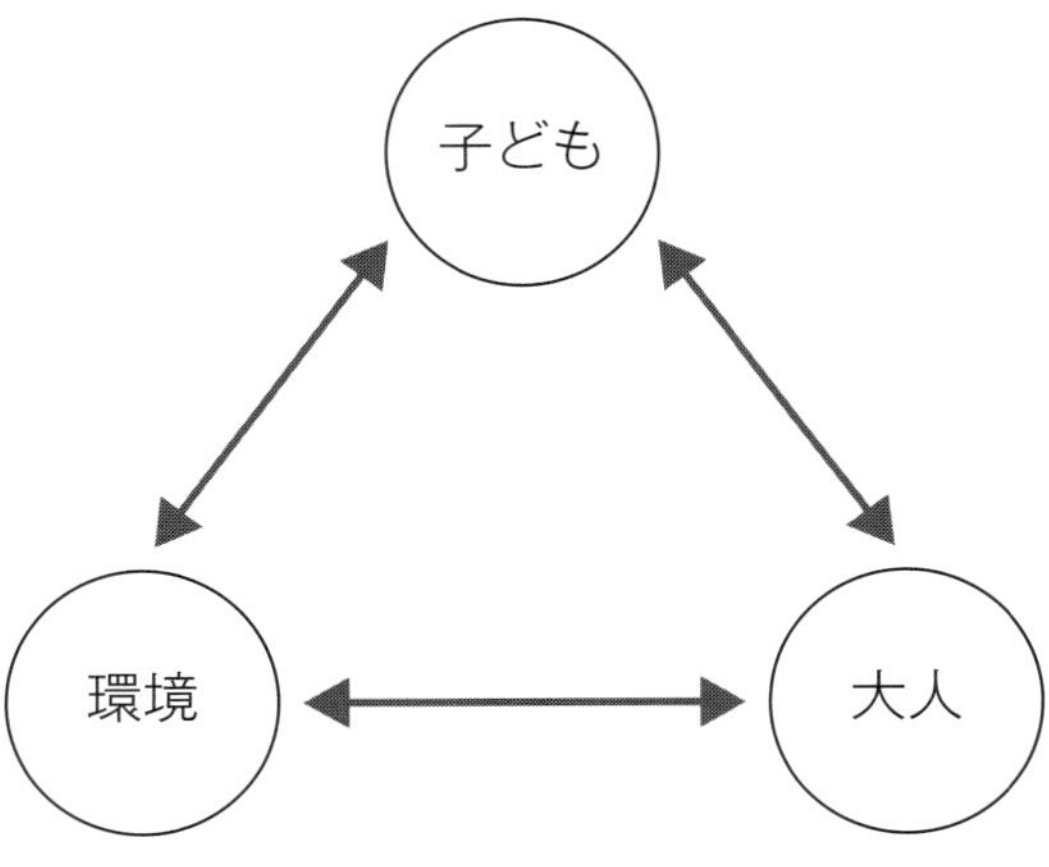

とで、改善に向かうことをみいだしました。

ただし、自由を与える前提として、それぞれの子どもの敏感期に応じた環境が必要です。この環境が不十分だと、いくら自由を与えても成長につながらないどころか、子どもを堕落させてしまう可能性さえあります。

自由とは、「子どもの好き勝手にさせること」や「何でも子どもの言いなりになること」とも違います。

自由を保障するために、子どもにはすべての決まりを示し、必要に応じて手短に説明します。ただし、後述する「子どもの家」において実際に設けているルールは「走らない」だけです。不用意にルールを増やすより、問題が生じたときに自分で判断させることのほうが教育的な意味が大きいからです。

モンテッソーリは、「自由」のことを、「援助なしに行動ができるということです」と説明します。そして大人が子どもに関わるときのコツを、たった2文で表現します。「ひとりでできるように手伝って」「すべての不必要な援助は、発達の障害物になる」です。

1930年代の終わりに行われた講演録から引用します。


テーブルや椅子は小さくて、明るい色に塗られ、軽量なので、ぶつかるとそれらは、動いたり、倒れたりすることによって、子どもにより注意深い動きをするように伝えてくれます。うすい色は汚れや埃《ほこり》を目立たせ、子どもの不注意やぞんざいさを可視化させてくれます。埃や汚れが目に入りやすいので、小さな石鹸と少量の水で簡単に消すことができます。これが「子どもの家」のやり方なのです。

おなじ理由で子どもの環境には、ガラスや陶器でできている、美しく壊れやすい小物が置かれています。落として割れてしまった瞬間。いままで子どもに大きな喜びを与えてくれ、部屋に入るたびにその目や手を魅了してきた愛らしい小物たちは、消えてしまうのです。（中略）

それらは割れて小さな破片となり、生命がなくなり、もう子どもを誘ったり、笑いかけたりしてくれません。子どもにとって、自分のサイズで、自分の精神的発達に見合う小さなお家以外では、決して触らせてもらえない大好きな小物を失う以上の罰が、あるでしょうか？

「動くときは注意を払ってね。あなたが乱暴に動くと、まわりの大好きなお友だちとの永遠のお別れになりますよ。」という声なき声より大きな声が、存在するでしょうか。（中略）あの日以来、割れやすいものを運ぶときの彼の顔にあふれる集中力、そして正確にやり遂げようと、動きの一つひとつに指令を与える彼の強い意志がみえるようになります。

大人がいちいち言葉で教えこむのではなく、子ども自身が体験のなかから実感をともなって学ぶことを重視しているのがおわかりいただけたでしょうか。

それでは実践の様子をみてみましょう。

教育現場レポート

あらゆるものが子どもサイズ

東京都大田区にある「日本モンテッソーリ教育綜合《そうごう》研究所附属『子どもの家』（以下、附属「子どもの家」）」の1日に密着しました。

日本モンテッソーリ教育綜合研究所は、1968年に創立した「日本モンテッソーリ協会」の教師養成センターとして1976年にスタートしました。現在附属「子どもの家」は、公益財団法人才能開発教育研究財団が直接運営する認可外幼児教育施設です。

環状8号線沿いに建つ5階建てのビルのなかに附属「子どもの家」はあります。そのビルの1フロア全体が子どもたちが過ごすスペース。130平米ほどあるでしょうか。

部屋の印象は、明るい。そして秩序だっている。手づくりの小物や細かな教具がところ狭しと置かれていますが、整理整頓が行きとどいています。

その空間がなんとなく、「日常生活の練習」「感覚教育」「言語教育」「算数教育」「文化教育」の5分野ごとのエリアに分かれています。子どもたちが自分の好きなエリアで好きなおしごとをみつけて自由にとりかかれるしくみです。

机や椅子はもちろん、キッチンなどあらゆるものが子どもサイズでつくられており、大人の私が足を踏みいれると、まるで自分がガリバーになったかのような気分になります。

2歳半から6歳までの40人弱の子どもたちに対して先生が4人つきます。

この日は火曜日、あいにく雨が降っていました。

好きな場所で好きな「おしごと」

登園時間は9時20分。子どもたちは各自のロッカーに自分の荷物を自分で整理整頓しながらしまいます。濡れたレインコートをたたむのが一苦労。歯ブラシとコップ、お弁当箱、手帳をそれぞれ所定の場所に自分で置きます。

朝のしたくを終えると、早速自分で椅子をだして、「おしごと」にとりかかる女の子がいました。続いて男の子がその隣に座ります。算数の教具に囲まれた「算数エリア」です。

「それやるの?」と女の子。「うん。だって昨日できなかったから」と男の子。ふたりで並んでそれぞれのおしごとを始めます。女の子は引き算の練習をするようです。男の子がやり方を教えてあげます。

「まずサイコロをふって」

2個のサイコロをふって、4と3がでました。

「どっちが大きい？」

「4」

「じゃ、まず、ブタさんを4匹とって。次はこっちをやるけど、わからなくなっちゃうから、こっちに置いて……」

テーブルの左側に4匹のブタさん、右側に3匹のブタさんが並びました。それをみながら、□－□＝□と空欄のあるプリントに4と3の数字のスタンプを押します。

さらに、右と左のブタさんをペアにしていき、ブタさんが1匹だけ残りました。それが引き算の答えです。そこで答えの空欄に1のスタンプを押します。おしごと完成です。

鉛筆で数字を書かせるのでなく、スタンプを使うところがポイントです。数字を書くという作業は幼児には難しいもの。しかも決められた空欄に書くというのは、幼児にとってはそれだけで大変な作業です。

とっても利発そうなお子さんですから、もしかしたら数字を書くことはすでにできるかもしれません。それでも、引き算の概念を理解することに集中するために、数字を書くという作業を簡略化し、スタンプを使用するのです。

おそらくふたりとも4歳くらい。にもかかわらず、相手をおもんばかる穏やかな話し方ができて、課題意識ももっている。

複雑な手順を、相手にわかりやすく伝える男の子の姿はとっても頼もしかったです。「これがモンテッソーリ教育か！」と、しょっぱなから衝撃を受けました。

次は男の子のおしごとの番。さっきまで女の子に教えてあげていた男の子が、今度は逆に女の子に質問します。

「カエルさんのはどうやってやるの？　ケロケロ、ケロケロ（笑）」

自然とカエルさんの鳴き声のまねがでてくるところなど、みているだけでかわいくて微笑ましくてたまりません。

カエルさんのフィギュアを並べて、足し算の練習のようです。

「まず10を出すでしょ……」

カエルさんを10匹並べます。あれ？

「サイコロをふって」

5が出ました。どうするのか？

「そしたら……」

「そしたら？」

女の子と男の子は、みつめあってクスクス笑います。

「1と0を使って10って押して」

「押したよ！」

あれれ、なんだか違います。しかも10ではなくて01と押してしまいました。「なんかおかしい」ということにふたりとも気づき、戸惑った様子をみせます。そのとき男の子が近くの先生を呼びました。

「先生、どうやってやるの？」

ここでようやく先生が登場します。

「サイコロをふってください」

先生たちは、子どもたちに対しても基本的に丁寧な言葉づかいで優しく語りかけます。

3がでました。

「問題をつくるので、3のスタンプを押してください。そしてカエルを3つだして。もう1個、サイコロをふってください」

4がでました。

「4のスタンプを押して、カエルさんを4つだしてください」

「はい、4！」

「足し算ってどうすることだかわかる？」

「わかんない」

「ここに書いてあるけど、いっしょにすることなの。カエル3匹と4匹をいっしょにすると……。え、10になってるよ（実際には01のスタンプが押されている）」

ここで男の子は自分のやり方のまちがいに気づいたようです。

「直してあげようか？」

先生は紙とのりをもってきて、まちがったスタンプを押してしまったところに貼りつけます。新しいプリントをもってきて最初からやり直したほうが早い気がしてしまいますが、そうはしません。まちがっても直してやり直せば全然問題ないことを伝えるためです。

男の子は納得した様子でおしごとを完成させました。おしごとが終わると、使った教具を元の場所にきちんと整理整頓して戻します。

「金ビーズ」で数の概念を体感させる

別のところでは、5〜6歳の男の子3人組が、「金ビーズ」と呼ばれる教具を使っていま

写真2 ▶ 金ビーズに熱中する子どもたち

した。ここでは、赤いテーブルクロスのような布をかぶせたテーブルに男性の先生が座り、子どもたちに手順を指示します（写真2）。

まず3人がそれぞれ数字カードを引きます。

ひとりは「1000」「2000」「10」「2」の4枚のカードを引きました。そこで金ビーズが1000個つながってできた立方体を1つと、金ビーズが100個つながってできた正方形を2つと、金ビーズが10個つながっている棒を1つと、単体の金ビーズ2つをとり出してテーブルに並べます。そして、4枚のカードを重ねると、「1212」という数字ができあがりました。

別のひとりは「2000」「100」「40」

ります。

もうひとりは「１０００」「２００」「30」「１」のカードを引きました。１０００の金ビーズを1個、100の金ビーズを2個、10の金ビーズを3個、１の金ビーズを１個もってきます。重ねたカードは「１２３１」の数字を示します。

そこで先生は、赤い布のうえに並べられたさまざまな大きさの金ビーズを、そのまま赤い布を使って風呂敷で包むようにしてまとめてしまいます。

「いっしょにしちゃいます！」

せっかくきれいにビーズを並べた子どもたちはあっけにとられて思わず発します。

「え、何？」

先生はまるで手品師のように微笑みます。

「ぐちゃぐちゃになりました」

子どもにももたせてみます。

「重いでしょ？」

赤い布をふたたびテーブルのうえに広げると、金ビーズがぐちゃぐちゃになっています。

「おなじ大きさの金ビーズを並べてみて、みんなで数えよう。1つの金ビーズはいくつ？ 1、2、3、4。じゃあ、4の数字カードをもってきて」

おなじ要領で、10の位、100の位、1000の位のカードをもってこさせます。4枚のカードを重ねると、「4584」という数字ができあがります。

「こういうのをいっしょにすることを、足し算っていうの。足し算をあらわす特別な記号があります」

「あ、知ってる！ プラス！」

「そう、プラスの記号ね」

こうして子どもたちは、1212+2141+1231=4584という計算を、重さの感覚までふくめて実感しました。

モンテッソーリ教育においては、金ビーズが数の概念を学ぶ基本アイテムです。大きな数字での足し算から始め、だんだんと数字を小さくしていくのがモンテッソーリ流の王道です。ちなみに、さきほどのブタさんやカエルさんのフィギュアはこの園で独自に導入している補助教材とのことです。

「できること」がどんどん増えていく

別のテーブルでは、まだ2歳と思われる小さな女の子が、プリントの四角い枠のなかに好きなスタンプを1つずつ押していくというおしごとに熱心にとりくんでいました。

かわいい絵柄のスタンプを押すだけで楽しい。その気持ちはよくわかります。こっちのスタンプも使ってみたい、あっちのスタンプも使ってみたい。夢中になってたくさんのスタンプを押します。飽きるまで続けます。飽きるころには、上手に押せるようになっているのでしょう。

こういう下準備があるから、さきほどのブタさんやカエルさんのスタンプも上手に押せるわけですが、スタンプを押すだけのおしごとに夢中になっている子どもには「早くスタンプを上手に押せるようになって、早くブタさんやカエルさんの引き算をできるようにしよう」なんて目的意識はもちろんありません。そのときそのときに夢中になれるおしごとを自分で選んで、満足がいくまでやっているだけです。でも、そうすることで、どんどんできることが増えていくのです。

モンテッソーリは子どもを観察することで、それに気づいたのでしょう。そして自己教育力の存在を確信したわけです。さらにたくさんのおしごとを考案し、どんな発達段階にある子どもでも思わず夢中になってしまうおしごとが手の届くところにある環境をつくりあげました。それが「子どもの家」なのです。

朝いちばんから、算数教育の分野を中心に生じる、子どもの連続的発達の一部を垣間みることができました。まだ見学を始めて15分ほどしか経っていません。

「教える」を最小限にとどめる

床に畳1畳分くらいのカーペットを敷いて、そのうえに哺乳類の絵が描かれたカードを並べている男の子がいました。カードに描かれた動物とおなじ動物のフィギュアを探してきて並べるおしごとです。色や形で判断すればおしごとは完了するのですが、その男の子は動物の名前を知りたいと考えました。

絵だけをみても何という動物かわからないものは図鑑で調べます。男の子は、イルカの仲間を調べるために、魚の図鑑をもってきてしまいました。イルカを魚だと思ってしまうことは、「幼児あるある」ですね。これではらちがあきません。そこで先生が、哺乳類も魚類も載っている「大図鑑」をもってきてくれました。すると、探していた動物が、「イロワケイルカ」であることがわかりました。

図鑑を調べることで、フィギュアの大きさが動物の大きさを正しく反映していないこともわかりました。イルカの仲間が終わると、男の子は「ラッコも探したい！」といいだしました。

図鑑のなかで、ラッコはどうやって探せばいいでしょう。

「ラッコはどこに住んでいるのかな？」

先生がヒントをだします。

どこまでヒントをだすのか、どんな形で提示するのか。それぞれの子どもの個性や発達段階をふまえ、その場の状況も加味しながら、先生はそのつど的確に判断します。その微妙なさじ加減がモンテッソーリ教育の教師の腕のみせどころなのでしょう。まさに職人芸です。

失敗しても慌てない子どもたち

なにせ30人以上もの子どもがそれぞれに好きなおしごとにとりかかるわけですから、さまざまな場所でさまざまな活動が行われています。

男の子3人組は紙皿とおりがみとストローを使ってバッタをつくる工作にとりくんでいま

した。

「難しいじゃん！」

ひとりの男の子が不平をもらします。

「じゃあ、僕が見本をみせましょう」

まるで先生気取りの男の子が手本をみせて、残りのふたりがそれをまねます。

「あれ？　切ってないんですか？」「2本ずつありますよね」とリーダーの男の子は先生になりきります。

お友だちふたりが指示どおりにバッタを完成させると、先生役の男の子は、「バッタの家族のできあがり！」といって、自分の手さげ袋のなかに3匹のバッタをいれました。

ホチキスの練習というおしごともあります。色紙にホチキスとおなじ大きさの線がいくつも描かれていて、それにぴったりと合うように、ホチキスをはめていくのです。この段階を経て、ホチキスを使用した工作もできるようになります。

ある小さな女の子は、本物の縫い針と糸と布を使って、クロスステッチのおしごとにとりくんでいました。布には方眼の印刷がしてあり、それに沿って糸を縫えばいいようになっています。縫い方の手順を示すため、厚紙と毛糸でできたサンプルも用意されています。先生が手づくりしたものです。それをみながら作業を進めます。

テーブルのうえに濡れてもいいビニール製のマットを敷いて、ジャグから3つのコップに色水を移し替えている女の子もいます。かたわらには小さなフキンが用意されており、ジャグからコップに水を移し替えるたびにジャグの注ぎ口の部分をフキンで拭きとり、水が垂れないようにしています。

ときどき水をこぼしてしまいますが、女の子は落ち着いてフキンで拭きます。まちがったり失敗したりしても慌てないのが、附属「子どもの家」の子どもたちの特徴だと私は感じました。落ち着いて修正し、おしごとをつづけることができるのです。ちょっと失敗したらすぐにゲームをリセットしてしまうのとは大違いです。

満足がいくまで何度も水を移し替えます。おしごとを終えると、ジャグやコップを元の場所に戻します。濡れたフキンは流しでゆすいで、絞って、フキン掛けにかけて干すところまで、子ども自身で行います。

子どもの気持ちに寄りそう

すべてが子どもサイズでつくられているキッチンでは、子どもサイズの冷蔵庫からキュウリをとりだして、子どもたちが順番に、キュウリの輪切りを練習していました。子どもサイズとはいえ本物の包丁とまな板を使いますので、隣には先生がつきそいます。

男の子がかっこよくキュウリを切っている様子をみて、小さな女の子が寄ってきました。「自分にもやらせてほしい」と、しぐさで先生に要求します。でも順番を待っている女の子がまだふたりもいます。

先生は「ほかのおしごとをして待っててね」といいますが、女の子は首をふります。「じゃあ、ここにお椅子をもってきて、ここでみていればいいからね」。先生がそういうと、女の子は満足げな表情を浮かべて、自分で椅子をもってきて、お兄さん、お姉さんの隣に座りました。

このとき先生は順番を待つことを教えました。でも同時に、女の子の気持ちを察し、共感し、女の子が満足できる方法を提案しました。女の子は早く自分も包丁を握りたいと思っていたはずですが、先生が自分の気持ちを十分に理解してくれることに安心感を覚え、納得できたのでしょう。

これが、子どもの好き勝手にさせるのではなく、子どもの気持ちに寄りそうということです。

さきほど魚の図鑑でイルカの仲間を探していた男の子は、今度は魚の体を模した立体パズルにとりくんでいました。「頭部」「胴体」など、体の部位を覚えることができるようになっています。

その男の子の隣で、「大図鑑」のトカゲのページを眺めていた別の男の子は、馬とヘビのフィギュアをもって怪獣ごっこをしていました。これはおしごとではなさそうです。そういうことも、やはりときどきはあります。こんなとき先生は、その子に合うおしごととの出会いを演出しようと試みます。

部屋のなかには子どもサイズの機織《はたお》りもあります。女の子がひとり黙々と機織りにとりくんでいます。きれいに色を使い分け、青、赤、白、緑と、フランス国旗やイタリア国旗のような色彩の布が織りあがりつつあります。相当に時間がかかっているはず。もうこのおしごとに、何日も連続でとりかかっているのでしょう。

10時40分、「活動」のお片づけの時間になると、機織りに大きな布のカバーをかけ、その日のおしごとを終えます。つづきはまた明日。ほかのおしごとにとりくんでいた子どもたちも、一斉にお片づけを始めます。テーブルはふたり一組で協力して片づけます。

みんなで一斉に活動する「集会」の時間

「今度はあそこで歌を歌うんだ！」

元気のいい男の子が、ピアノのある一画を指さして教えてくれました。

小さな女の子も、私に話しかけてくれました。

「椅子いる?」

ずっと立ちっぱなしの私を気づかってくれたのです。聞けば、まだ3歳だそうです。

1日の流れを知っている子どもたちは、お片づけを終えた子から自然にピアノのまわりに集まります。先生たちは「はい、集まって!」などという号令は一切かけません。先生が、子どもたちの様子をみながら、そっとピアノを弾き始めます。するとさらに自然に子どもたちが集まってきます。

そして「き、き、きのこ! きのこは生きている!」というかわいらしい歌を、みんなノリノリで歌います。ほんと、ノリノリです。雨降る秋の日にちょうどいい歌を、先生は選んだのでしょう。

こうして「集会」の時間が始まります。「活動」が個別に好きなおしごとをして過ごすことであるのに対して、「集会」はみんなで何かをする時間です。

ちょうどビルの外壁工事をしている日でした。結構な騒音がします。先生のお話を聞こうとしながら、ガガーッという音に気をとられてしまう子どももいます。いつもと違うことは、子どもにはストレスになります。ストレスが、子どもの心をざわつかせます。その様子をみた先生は小さな声で語りかけます。

「わざとうるさくしているわけじゃないの。園を直してくれているの。新しく園にきたばかりの小さな子も聞こえるように、静かにできるかな？」

すると魔法のように、子どもたちは静かになりました。先生の声はまったく威圧的でも脅すようでもありませんでした。

場が落ち着いたところで、お当番決めをします。お花の水切り、金魚の餌やり、植木の水やりをやってくれるお当番を決めます。やりたい子どもが手を挙げて、先生が指名します。「〇〇さんはこのまえもやったから、今回は△△さんにお願いしましょう」などと理由を説明しながら。

自己コントロールを学ぶ「線上歩行」

次に今日のお当番さんがみんなの前に立って、「これから線上歩行を行います」と宣言します。「線上歩行」とは、床に描かれた線のうえを歩く練習です（写真3）。先生が軽快なクラシック音楽のＣＤを再生します。

「今日の作曲家は、ピョートル・イリイチ・チャイコフスキーで、曲名は『くるみ割り人

写真3 ▶ 線上歩行で集中力をきたえる

形』です」

　子どもたちは静かにしています。さきほどの「活動」からは空気が変わります。低年齢の子どもたちは隣のお部屋に移動します。

　高年齢のお兄さんお姉さんたちは、ただ線のうえを歩くだけでなく、球をのせたスプーンをもって歩いたり、鈴をもちながらそれが鳴らないように歩いたり、おもちゃの果物をいれたカゴを頭にのせて歩いたり、積み木を重ねてもって歩いたり、水の入ったシャンパングラスがのったお盆をもって歩いたりと、課題を加えます。集中力が必要です。

　まず先生がお手本。そのあとに子どもたちがつづきます。課題は子どもたちが自分で選びます。途中で積み木を床に落としてしまうようなことがあっても、子どもたちはやはり慌てません。失敗することは悪いことじゃないという認識が、子どもたちのなかにしっかりとあることがわかります。

床に描かれた線のうえを1周すると、正座してみんなが終わるのを待ちます。

みんなが線上歩行を終え、正座をしていると、そのまま黙想します。これを「静粛練習《せいしゅく》」といいます。

「これから1分間目を閉じます」

子どもたちの好きなことを自由にやらせることで知られるモンテッソーリ教育において、線上歩行や静粛練習を行うことは意外に思えるかもしれませんが、これらの活動には、自分をコントロールする力を鍛える意味合いがあります。モンテッソーリは「真の自由を手にいれるためには、まず『自分自身を征服する者』にならなければならない」ともいっているのです。

きちんと文章で会話する子どもたち

11時30分、お当番さんが鈴を小さく鳴らして宣言します。

「ではお弁当の準備をしてください」

お弁当当番の子どもたちが机を並べ始めます。そのほかの子どもたちは、低年齢の部屋の活動に加わります。低年齢のお部屋でもそれぞれの発達段階に応じた難易度の線上歩行が行われたのち、絵本の読み聞かせが実施されていました。

テーブルが並ぶと、フキンで拭きます。そこに手鏡とお花とフキンと殻いれを置き、班ごとにお友だちのお弁当とコップを並べます。手鏡があるのは、食後に口のまわりが汚れていないかをその場で確認するためです。

コップは班ごとに集めてお盆にのせ、キッチンでお茶をいれて、テーブルに並べます。食事をするテーブルとは別の小さな机に小さな燭台を置いて、お当番さんがマッチで火をともします。これを「てんめつ」といいます。

お弁当当番のすべきことは１枚の紙にまとめられて、キッチンの壁に貼られています。それをときどき確認しながら作業を進めます。

印象的だったのは、わからないことがあると、素直にだれかに聞けばいいという文化があることです。そして聞かれたお友だちは、丁寧に、相手にわかりやすいように、場合によってはその前提にまで立ち戻って話します。

まだ2歳半~6歳の幼児だというのに、きちんと文章で会話をします。

「てんめつはどんなふうに置くの？」

「教えてあげる」

「だれがてんめつするの？」

「今日は○○くん」

「当番がてんめつするの？」

「そう。昨日は私が当番だったからてんめつしたの」

附属「子どもの家」では、子どもたちの会話が、一事が万事、こんな具合です。「ほら、あれ！」とか「早く、それ！」とか、大人でもいい加減な言葉の使い方をしてしまうことは日常のなかでよくあることだと思います。でもそれはとても自己中心的なコミュニケーションです。附属「子どもの家」で育った子どもたちは、高い社会性をともなった会話法を身につけているのです。大人顔負けです。

お弁当も自分のペースで食べる

11時50分、準備が整うと先生の合図でお当番さんが鈴を鳴らします。

「一度手を休めてください。今日の午後は全員自由です。お父様、お母様、お弁当をありがとうございます。いただきます」

お弁当を食べているあいだの雰囲気は、普通の幼稚園と変わりません。特に静かなわけでもなく、大騒ぎする子がいるわけでもありません。楽しく会話をしながら食べています。一斉での「ごちそうさま」はありません。食べ終わったら各自歯みがきをして、自由時間。食べるのがゆっくりな子でも、安心して自分のペースで食べられます。早い子は12時10分には午後の「活動」を始めます。

12時30分にはすべての子どもたちが食事を終え、お弁当当番さんたちが後片づけをします。しっかりものの女の子が「お片づけチェックリスト」をみながら、男の子たちに的確に指示をだしていました。

自由を保障するからこそ「社会性」が育つ

午後の「活動」は、午前よりも選択肢の広い「自由時間」です。

もちろん午前中とおなじようにおしごとをやってもいいですし、おしごとにはふくまれない、おままごとや電車のレール遊びやブロック遊びをしていてもかまいません。その風景は普通の幼稚園のお遊びの時間とまったくおなじです。天気がいい日は近くの公園までお散歩してそこで遊ぶこともあります。

上のフロアに移動して、走りまわることもできます。1つ上のフロアはフリースペースになっており、そこを体育館代わりにして遊べるのです。跳び箱やマット、フラフープなどを使って、子どもたちは大暴れ。月曜日にはそこで全員で体育の授業を行います。

それでも午前中とおなじようにおしごとをしている子どもが半分くらいいます。ある男の子はニヤニヤしながら私に近づいてきて、こういいました。

「遊びなのに、『おしごと』っておもしろくない？」

子どもたちにとって、「おしごと」と「遊び」の境はなく、「おしごと」という遊びをしている感覚なのでしょう。

そうこうしていると、コーヒーの香りがただよってきました。ゴリゴリゴリ……。女の子が、コーヒー豆を挽いていたのです。粉になったコーヒー豆をビニール袋にいれてもらうと、女の子は私にうれしそうにいいました。

「これをもってかえると、お母さんが喜ぶんだ！」

そのとき、おもちゃの電車のレールをつなげて遊んでいる子どものひとりが先生を呼びました。

「先生、〇〇くんがおもらししてる！」

そこには3歳くらいの男の子が、おもらしして、立ち尽くしていました。

ひとりの先生が○○くんをトイレに連れていって着替えさせます。

また別の先生が床を掃除します。

そのあいだ、おしっこで濡れてしまった床のまわりを、レール遊びしていた子どもたちが囲って、ほかのお友だちがおしっこを踏んでしまわないようにしてくれています。

このようなシーンから、子どもたちのなかに、公共性が育っていることを強く感じます。

普段は個別に自由に自分の好きなことをしているのですが、自分たちの自由が保障されているのは、園のなかに社会的な秩序が保たれているからだと、子どもたちは無意識のうちに理解しているような気がします。

自分の自由が脅かされていると、必要以上に権利を主張したくなるものですが、自由が保障されている安心感があると、他人のことを考える余裕ができるようになるのではないでしょうか。

子どもを自由にさせたらしつけなんてできないというひとがときどきいますが、むしろ逆ではないかと、モンテッソーリ教育を受ける子どもたちをみていると思います。

「忘れもの」も自分で気づかせる

13時20分、お当番さんが「お片づけです」と宣言します。みんな遊んでいたものを片づけて、帰りのしたくをします。したくができた子から、ピアノの前に集まります。ロッカーに忘れものがある場合は、先生がその子のところまで行き、「何か忘れものはないですか？」と尋ねます。子どもは自分のロッカーをみにいき、自分で忘れものに気づき、自分でカバンのなかにしまいます。ここでも先生はヒントを与えるだけの立場に徹するのです。

全員の準備ができたら「帰りの時間」。

歌を歌ったり、絵本を読んだりしたあとに、「発表したいことがある人は？」と先生が尋ねると、何人も手を挙げます。

「今日、飛行機、宝石、テントをつくりました」

「○○くんに紙飛行機をつくってもらいました。うれしかったです」

黙って自分の描いた絵をみせる子もいました。

恥ずかしそうに、何かをぼそっとつぶやいた子もいました。何といったのか、その場にいたほとんどの子どもも大人もわからなかったのですが、先生はそこで大きな声でいい直すようにうながしたりはせず、「お話ができたね！」と、発言したこと自体を褒めていました。

14時になると、保護者がお迎えにやってきます。

「日本モンテッソーリ教育綜合研究所附属『子どもの家』」でみた子どもたちは、まるでジブリ映画にでてくる子どもたちが現実の世界に飛びだしてきたかのようでした。いきいきと自分の人生を謳歌《おうか》していると同時に無限の世界への好奇心と畏怖《いふ》の念を抱いている。そして何より、勇気がある。そんなふうに私は感じました。

DATA

日本モンテッソーリ教育綜合研究所附属「子どもの家」

所在地▼東京都大田区千鳥

運営者▼公益財団法人才能開発教育研究財団　日本モンテッソーリ教育綜合研究所

創　立▼1979年

ジャンル▼認可外幼児教育施設

対　象▼
幼児部……2歳半～就学前（月～金）
小学部……小学生（週1回放課後）
たんぽぽクラス……1歳半前後の親子（不定期）

1日の流れ（幼児部）

9:20～9:30	登園・朝の支度
9:30～10:50	活動（月は体育、金は造形の時間がある）
11:00～11:15	集会
11:15～11:35	線上歩行
11:35～11:50	お弁当準備
11:50～12:15	お弁当
12:15～13:25	活動
13:25～13:40	帰りのしたく
13:40～14:00	帰りの会
14:00	降園

※水曜日はお弁当なしで12:00降園。

先生インタビュー

――「日本モンテッソーリ教育綜合研究所附属『子どもの家』」副園長の櫻井美砂さんに話を聞きました。櫻井先生は、モンテッソーリ教育の教師養成講座の講師でもあります。

おおた　たくさんの「おしごと」がありましたが、ぜんぶで何種類くらいあるのでしょう。

櫻井　数えたことはないですね。モンテッソーリの教具としてはたとえば感覚教育の分野だけでも21種類あるはずです。それが5分野あるわけです。さらに、それぞれの教具に何通りもの提示の仕方があり、教師はそれに精通していなければなりません。

おおた　ざっとみただけでも1000種類くらいあるのではないかと思ったのですが。

櫻井　あると思います。文化教育に関してはもう無限といっていいほどの教具があります。園としてオリジナルに開発・制作した補助教材もありますから。

おおた　ここまで教具が充実している園も珍しいのではないでしょうか。

櫻井　珍しいかもしれません。教員養成のための組織の附属園なので、一通りの教具はそろえています。

おおた　朝、カエルさんとかブタさんで算数をしている子どもたちがいました。

櫻井　あれは実はモンテッソーリの教具ではありません。足し算や引き算の概念を学ぶためのモンテッソーリの正式な教具としては金ビーズが代表格なのですが、もっと小さい子が、数に興味をもった場合にちょっと扱いづらいので、補助教材として、カエルさんやブタさんの教材を用意しました。

おおた　この「子どもの家」は公に認可された施設ではありませんが、先生たちはどんな資格をおもちなのでしょうか。

櫻井　当然モンテッソーリ教育の教師としての資格は取得していますが、加えて幼稚園教諭か保育士のいずれかの資格をもっていることを条件としています。

おおた　モンテッソーリ教育をやっているという幼稚園や保育園は全国にたくさんありますが、そこで働く教師や保育士さんのなかにはモンテッソーリの教師としての資格をもっていないひともきっといますよね。

櫻井　それはあると思います。

おおた　今日はこの園での1日の流れを見学させてもらったのですが、世界のモンテッソーリ教育機関でもだいたいおなじ流れなのですか。

櫻井　うーん、モンテッソーリ教育としていちばん大事なのは、子ども自身が活動を自由に選ぶということです。ただ、日本の場合は、モンテッソーリ教育をうたっていても、その取り入れ方は一様ではないと思います。週に1回だけ、あるいは一部だけ取り入れている園などもあります。アメリカでは、モンテッソーリをなのるにふさわしい教育が行われているかどうか、認定機関のチェックが入ります。日本モンテッソーリ教育綜合研究所附属「子どもの家」は、アメリカン・モンテッソーリ・ソサイエティ（AMS）という機関の認定を受けています。

おおた　「集会」の時間で歌を歌ったり、「帰りの会」で子どもたちが発表をしたりしていたのは、世界のモンテッソーリ教育機関でもやることなのでしょうか。

櫻井　そのあたりは私たちのオリジナルです。ただし、そういう時間のなかでも、先生の関わりを最低限にして子どもたちの主体性を伸ばすのがモンテッソーリの理念です。園での生活すべてにおいて、本当に必要な場合にかぎって声をかけるなどの態度が貫かれていることが大切です。「おしごと」の時間があればモンテッソーリかというとそうではないと思います。

おおた　4歳までは計算をやらせないというような園もあるようですが、マリア・モンテッソーリ本人がそのようにいっていたという事実はあるのですか。

櫻井　それはありません。私たちは、どんなに小さくても興味をもったら触れさせてみるようにしています。

おおた　では、あれは、モンテッソーリのポリシーというよりは、早期英才教育に対する警戒心のあらわれなのでしょうね。

櫻井　モンテッソーリ本人が明確にいったこととしては、文化教育に関しては6歳以上、つまり小学校に上がるくらいからがいいというのがあります。文化教育には想像力や抽象化の能力が必要だからです。ですが、モンテッソーリの時代と現代の子どもをとり巻く環境は大きく違っているので、モンテッソーリの理念は踏まえたうえで、幼児の段階から文化教育にも触れさせています。現在では一般的にも幼児の段階で取り入れられていますから。

おおた　「おしごと」という表現は、イタリア語ではどういう単語になるのでしょうか。

櫻井　イタリア語では「Lavoro」、英語では「Work」といいます。モンテッソーリは、子ども自身が自分を育てることを「おしごと」と表現しました。「大人が代わることのできない仕事」という意味がこめられています。

おおた　午後に、ブロック遊びやおままごとをしている子どもたちは、おしごとをしているときとはテンションが違いましたから、ニュアンスの違いを認識しているのでしょうね。

櫻井　やっぱり違いますよね。遊びとおしごとの境目を、私たちは空間で分けています。おしごとをする部屋とおままごとやブロック遊びをする部屋とを分けているのはそのためです。教具を使ってお遊びを始めてしまって、「それはしてはいけません」と伝えなければいけないような状況を未然に防いでいます。

おおた なるほど。その考え方は一般の子育てでも使えそうですね。

櫻井 「それはしてはいけません」ということを極力減らす環境づくりが大切です。そうでないと、子どもたちは何をするにも「先生、これはしてもいいですか？」と聞くようになってしまいます。大人が介入しなければいけない状況が多く発生してしまう園に関しては、環境をみなおしてくださいという助言をよくします。

おおた いろいろな形でモンテッソーリ教育をとりいれている教育機関があると思いますが、「ここを外したらモンテッソーリとは呼べない」という核は何でしょうか。

櫻井 私がここで大事にしているのは、子どもの興味から出発するということですね。子どもが興味の対象をなかなかみつけられないときにはこちらから誘いかけをすることもありますが、「3歳だからこれをやりましょう」というのではなく、子どもの興味に合うおしごとに出会えるようにサポートすることが大切だと思います。

おおた モンテッソーリ教育に対するよくある誤解って何ですか。

櫻井 うーん、最近は大分減ってきましたが、個人活動が重視されているから、協調性が育たないのではないかということですかね……。私はもともと一斉指導型の普通の幼稚園で働いていました。だからこそ思うのですが、みんなでおなじことをしているからといって、協調性が育つわけではないんですね。

おおた　たしかにそうですよね。

櫻井　でもここでは小さいころから自分の好きなことを自分で選んで、それをもとに戻すところまで自分でやるわけですよね。線上歩行や静粛練習で自分をコントロールする力も鍛えます。個が確立することで、集団のなかでの自分の立ち位置をみきわめて自分を発揮できる人間に育つのだと思います。

おおた　今日一日みただけで、ここの子どもたちの社会性の高さには何度も驚かされました。モンテッソーリ教育で協調性や社会性が育たないというのは杞憂《きゆう》であると、私の立場から断言できます。

櫻井　ハハハ！

おおた　わからないことがあればお友だちに聞くし、聞かれたお友だちはちゃんと文章で説明するし、相手にとって必要な情報を取捨選択して伝えていました。下手な大人よりも対話が上手だと思いました。

櫻井　それが日々の生活のなかであたりまえに行われているからですね。あとは異学年縦割りであることの意義が大きいですね。縦割り社会のなかでは能力差があることが大前提になります。通常は大きい子ほどたくさんのことができるわけですが、なかには、小さい子が大きい子よりも上手にできることもあります。そういうことを日々の生活であたりまえのように経験しているから、年齢だとか性別だとか、いろいろなものにとらわれず、相手自身を尊重するような気持ちは自然に育っていくんじゃないかと思います。

おおた　園として保護者のかたによく伝えているメッセージはありますか。

櫻井　特に幼児期に育てたいのは子ども自身の内面から湧いてくる意欲なので、親が先走って知識を覚えさせようとしたりはしないでくださいとは伝えますね。でもそうすると逆に、「文字に興味をもち始めたので、ひらがな表を貼っちゃったんですけど、やめたほうがいいですかね？」なんて聞いてくる親御さんもいらっしゃいます。それには「まったく問題ありません」と答えます。よくないのは、興味がないのに教えこもうとすることです。一度苦手意識をもってしまうとそれを払拭《ふっしょく》するのはとても大変ですから。

おおた　テレビやゲームについて、園のスタンスはどうですか？

櫻井　基本的には、ご家庭で、お子さんと話し合って決めたらどうですかというスタンスです。ただし、優先順位はありますよねというお話はします。走りまわって身体の動きを身につけたり、お花をつんで感覚刺激を経験したりという敏感期がテレビやゲームにとって代わられてしまうのはよろしくないという言い方はしますね。

おおた　パソコンやタブレット端末などの機器は、この時代だからこその新しい刺激だと思います。これに対するモンテッソーリ教育としての統一見解はだされていないのでしょうか。

櫻井　いまは学校のなかにもパソコンがあってあたりまえだと思います。うちの小学部でもパソコンを設置して調べ学習などに利用しています。子どもたちの興味がすごく広がっていますよね。私の知識では対処できない場面もたくさんあります。そういうときには私たちもタブレット端末で調べたりします。

おおた　新しいツールを遠ざけるのではなく、それがあるのはすでに現実として、関わり方を考えていくべきだということですね。特に園においては、モンテッソーリの理念に照らし合わせて、新しいツールをどうポジティブに活用するかというのが今後の課題になりますね。

櫻井　ＡＭＳが発行する冊子では、パソコンを利用した教育について特集が組まれたこともあります。そのときの表紙は、マリア・モンテッソーリがパソコンを使っているフォトコラージュでした。

おおた　おもしろい。

櫻井　ＡＭＳは、モンテッソーリ教育をアメリカ流にアレンジしています。オリジナルの理念は保ちながら、アメリカの文化と時代に即した教育に発展させていきましょうという方針で運営されています。うちの研究所はその理念と共通で、日本の文化やいまの時代に即した形にモンテッソーリ教育を進化させていく必要があると考えています。

おおた　その点は、アメリカのモンテッソーリ教育は柔軟そうですよね。

櫻井　より保守的なモンテッソーリ教育の流れをくむところも多数ありますから、そういったところからみれば違和感があるかもしれませんが。

おおた　国際モンテッソーリ協会（AMI）の本部はオランダにありますね。日本モンテッソーリ教育綜合研究所はAMSの流れをくんでおり、モンテッソーリ教育のなかにもニュアンスの違いがあるということですね。モンテッソーリの幼稚園や保育園を選ぶときにどんなところに気をつけたらいいでしょうか。

櫻井　お電話をいただいて「ある園に見学にいったら、こんなシーンをみたのですが、あそこって本当にモンテッソーリ教育なのでしょうか」となかなか鋭い指摘をされることがあります。モンテッソーリの園を選ぶ方は、自己教育力のような概念についても一定の理解があってかなり目が肥えていると思いますから、実際に見学してご自身の感覚を信じればいいと思います。

子育てに役立つヒント

表面的なノウハウをまねても無意味

「子どもの家」で行われているような教育を、そのまま家庭でやろうと思うと大変かもしれません。先生たちのような適切な「提示」も、一般の親御さんが簡単にまねできるものではありません。「モンテッソーリ流子育て」のような書籍は多数ありますが、その表面的なノウハウだけをまねても、とてもモンテッソーリ教育にはならないでしょう。

ましてや「モンテッソーリ教育で○○ができるようになる」というような短期的な「成果」に焦点をあてた表現はモンテッソーリ教育の本質から離れていくものだと思います。

ビル・ゲイツや藤井聡太のような天才を育てることがモンテッソーリ教育の成果だと思われがちですが、おそらくモンテッソーリの最終的な狙いは個別の子どもの知能を高めることではなかったはずです。「無力」と思われがちな子どものなかに「自己教育力」を発見し、それを、差別や偏見や貧困や戦争のない世界を実現するための原動力とする方法を考えたのではないでしょうか。

女性が男性と対等に働く先鞭をつけ、子どもという社会的弱者の側に立ち、名声を得たあとでも権力にこびず、屈しない。モンテッソーリ教育とは、そういう女性が考案した教育法であり、そういうひとを育てる教育法だともいえると、私は思います。

表面的なノウハウをそのまままねするよりも、モンテッソーリ教育の理念こそを理解して、それを各ご家庭の状況に合わせてとりいれることのほうがよほど有意義だと思います。

今回モンテッソーリ教育について取材するなかで私自身が得た教訓は、以下の3点です。

（1）「この子には自分自身を育てる力が備わっている」と信じ、「なんでこんな（困った）ことをするんだろう？」というときこそ子どもをよく観察して、そのとき子どもが自分のなかのどんな力を育てようとしているのかを想像し、お節介にならない程度にそれを援助すること。

（2）「よその子が漢字を書けるようになっているからうちの子もそろそろ」とか「うちの子も早く引き算ができるようになってほしい」などと、子どもの成長の方向や速さの基準を「外」に求めるのではなく、あくまでも子どものなかにみいだすこと。

（3）「この子はすごい。無限の可能性を秘めている」と信じ、わが子を尊敬し、はげますこと。

「日本モンテッソーリ教育綜合研究所附属『子どもの家』」が撮影に協力している『家庭でできるモンテッソーリ　全3巻（DVD付き）』（学研教育出版）に掲載されている「おとなの心得12カ条」と「おとなのタブー」も引用しておきます。

「おとなの心得12カ条」

（1）子どもに必要とされているときだけ、子どもと関わりましょう。
（2）子どものいるところでもいないところでも、子どもの悪口をいってはいけません。
（3）子どものよいところをみつけ、そこを強くしていきましょう。
（4）ものの正しい扱い方を教え、それらがいつもどこに置いてあるかを示しましょう。
（5）子どもが環境と交流を始めるまでは積極的に関わり、交流が始まったら消極的になりましょう。
（6）子どもの要求に対して、たとえそれができなくても、聞く耳はいつももつようにしましょう。
（7）子どもの誤りをいつも指摘して直させる必要はありませんが、子どもが子ども自身やほかの子を傷つけたり、危険があるときには、すぐにやめさせましょう。

（８）子どもは何もしていないようにみえても、何かを観察しているのかもしれません。そういうときには、あえて何かをやらせなくてもいいのです。

（９）やりたいことがみつけられずに困っているときには、いっしょに探したり、新しいものをみせてあげたりしましょう。

（10）新しいもののやり方を（以前拒まれたことがあったとしても）、くり返しくり返し、忍耐強く見せるように心がけましょう。そのときは、言葉ではなく動作をみせるように専念しましょう。

（11）子どもを信じ、できるようになるのを待ってあげましょう。

（12）子どもに接するときは、親の従属物《じゅうぞくぶつ》としてではなく、１つの人格をもった人間として接しましょう。

「おとなのタブー」

・禁止……「だめ！」「いけません」「やめなさい」「汚い」「うるさい」「静かにしなさい」など。

・命令……「〜しなさい」「〜してはだめでしょう」「それが終わったら、次は〇〇しなさい」など。

・代行……子どもが動き出す前に、おとながやってしまうこと。「あなたにはまだ無理だから」「ぐちゃぐちゃになっちゃうから」「ママがやってあげるね」など。

・せきたて……「早くやりなさい」「もうおしまい」「はい、次はこれをして」など。

・放任……何でもしてよいと、放っておくこと。無視。

これらのタブーを犯さずにどうやって毎日を過ごせばいいのか途方に暮れてしまったひともいるでしょう。実際、「やめなさい」「もうおしまい」などの言葉をいわないで子育てするのは不可能ではないかと私は思います。

それでもなお、本当にその一言をいう必要があるのか、ただ感情的になってしまっているのではないか、別の伝え方はないのかを、考えてみることは大切だと思います。

POINT

1
大人の基準で子どもを評価せず、子どものありのままの行動のなかに成長の鍵があると考える。

2
「子どもにはみずからを育てる力が備わっている」と信じ、大人が子どもに与える影響を最小限にする。

3
子どもの「敏感期」を感じ取り、時期に応じた「おしごと」に集中できる環境を整えるのが大人の役割。

さらに学びたい人へ

子どもから始まる新しい教育
マリア・モンテッソーリ著、風鳴舎
国際モンテッソーリ協会公認のマリア・モンテッソーリの講演録。マリア・モンテッソーリ自身のことばの温度を感じたいひとにおすすめ。

家庭でできるモンテッソーリ全3巻（DVD付き）
学研教育出版
モンテッソーリ教育の理念の要点が３冊の冊子にコンパクトまとめられており、入門書としておすすめ。DVD で「日本モンテッソーリ教育綜合研究所附属『子どもの家』」の様子が見られます。

第2章

シュタイナー教育

自然科学と精神科学から生まれた「自由への教育」

シュタイナー教育の概要

創始者・おいたち	ルドルフ・シュタイナー　Rudolf Steiner　1861 ～ 1925 ドイツを中心に活躍した思想家。自然科学と精神科学を統合し人智学（アントロポゾフィー）を確立。1919 年ドイツに自由ヴァルドルフ学校を開校し人智学の知見を活かした教育を実践した。
理念・スローガン	自由への教育。外側の権威や価値に寄りかからず、自分で考え、自分で感じ、自分の意志を行動と結びつけることを目指す。
特徴・キーワード	人間は、「身体・心・精神」の 3 要素からできており、「7 年周期」で成長する。0 ～ 7 歳は身体を育てる時期。この時期に文字や計算を教え込んでしまうと、学ぶための身体が十分に発達できないと考える。7 ～ 14 歳には心を育て、14 ～ 21 歳には思考を育てる。また人間には、「憂鬱質」「粘液質」「多血質」「胆汁質」4 つの「気質」がある。教育そのものを芸術ととらえ「教育芸術」と呼ぶ。
著名人	斎藤工（俳優）、村上虹郎（俳優）、トーマス・クリスティアン・スードフ（ノーベル生理学・医学賞受賞生化学者）、イェンス・ストルテンベルグ（元ノルウェー首相）、サンドラ・ブロック（女優）、フェルディナント・アレクサンダー・ポルシェ（ポルシェデザイン創業者）、アンドレアス・カウフマン（ライカ社社主）、ケネス・シュノールト（元アメリカン・エキスプレス CEO）、ミヒャエル・エンデ（児童文学作家）など。

「シュタイナー教育」ってどんな教育法？

独特な世界観・人間観から生まれた

環境破壊、貧困、差別、民族対立……。科学や経済のきらびやかな発展とは裏腹に、私たちの住むこの世界は本当に豊かになっているのだろうかと、ときどき疑わざるをえません。ひょっとして私たちは、ひととして大切な「何か」を忘れてしまったのではないだろうか。そんな漠然とした不安を感じたことのあるひとも多いのではないでしょうか。

独特な方法でその「何か」を探究し、体系化したのが、ルドルフ・シュタイナーでした。彼が体系化した**「人智学」**は、科学万能主義、知識至上主義の考え方を批判します。世の中のことは物質の側面からすべて説明できるとする唯物論的な世界観にも批判的です。我々が通常の感覚で認識できる物質世界を**「感覚的世界」**と呼び、それに対して**「超感覚的（より高次の）世界」**が存在すると訴えるのです。

その人智学にもとづいて考案された教育法がシュタイナー教育です。

あまりに独特な視点に立脚するがゆえ、シュタイナー教育には「宗教的」「オカルト的」という批判もあります。にもかかわらず、これだけ世界中に広まっているのは、それだけひとびとを魅了する力をもつ教育法だからです。

シュタイナー教育は、「自由への教育」と呼ばれます。この場合の「自由」とは、もちろん好き勝手にすることとは違います。「自由と責任」というような道徳的な概念でもありません。シュタイナーはいいます。

私は自由を、宇宙過程を表す概念として論じようとしました。人間の内部には、地上的なものだけでなく、壮大な宇宙過程も働いているのです。このことを感じとれる人だけが自由を理解でき、自由を正しく感じとれる、ということを示そうとしました。

本書に登場するすべての教育法が「自由」を標榜《ひょうぼう》しますが、シュタイナーの訴える「自由」は文字通り次元が違います。その点に注意しなければいけません。

『モモ』『はてしない物語』の著者ミヒャエル・エンデも、短期間ではありますがシュタイナー教育を受けたことがあるそうです。たしかに、シュタイナー教育を実践する幼稚園や小学校を訪れると、エンデの描く世界に入りこんでしまったかのような感じが私はします。

超感覚的世界がみえていたシュタイナー

ルドルフ・シュタイナーは虹のような存在です。もっとよく知ろうとして近づけば近づくほど、遠のいていく。

1861年、オーストリア領ハンガリーに生まれました。どうやら彼は、幼いころから「みえる」ひとだったようです。「霊界は存在するか」ではなく「物質界と霊界は、どのような関係にあるのか」に関心がありました。

父親は鉄道職人で、シュタイナーを進学校ではなく、実業学校に通わせます。しかし本人は不満でした。大学進学資格試験に合格し、ウィーンの工科大学で数学と自然科学を学びます。同時にウィーン大学でも哲学、文学、心理学、医学を聴講しました。このころゲーテの自然科学を研究し、「ゲーテが語る感覚的・超感覚的形態に、私は達した」と述べています。「精神的人間」がイメージとして目にみえるまでになったというのです。

学費や研究費を稼ぐため、シュタイナーは家庭教師をしていました。そこに運命の出会いが訪れます。水頭症を患《わずら》い、家族すら教育の可能性に疑いをもっていた11歳半の少年の指導を引き受けたのです。

その少年はすぐに頭痛を発してしまい、意気消沈した様子でいつも青ざめ、まったく学習活動を受けつけることができませんでした。しかしシュタイナーは、そのような心身に適した教育を行えば、まどろんでいる能力が目覚めるに違いないと判断しました。

長時間勉強することができない少年に、シュタイナーはまず編みものなどの手仕事をさせました。シュタイナーの導きにより、少年は2年間で学習の遅れをとり戻し、進学校に合格。医者になることができました。

そしてシュタイナー自身、少年への教育の実践を通して、人間の心魂・精神と身体との関連について気づきを得ることができました（ただし、同様の症例がシュタイナー教育で治癒したというデータはない）。

「人智学」を立ち上げ学校を創設

1889年、「ゲーテ・シラー文庫」に就職し、ソフィー版『ゲーテ全集』の出版にたずさわり、自然科学上の著作の一部を担当します。彼がゲーテやシラーから強い影響を受けていることが、彼の講演録などを読むとわかります。

1894年には彼の哲学上の主著である『自由の哲学』が出版されます。フリードリヒ・

ニーチェの著作が脚光を浴び始めたころに重なりますが、シュタイナーが哲学者として認知されることはほとんどありませんでした。

彼はひそかに、ヨガや密教の行者のような精神修行を重ねていました。そして1900年、みずからの超感覚的世界観をすこしずつ語る決意を固めます。当時の講演のなかで、彼は自分の将来の人生の課題を「科学的な基盤に立って、魂を研究する新しい方法をみいだすことである」と述べました。通常の「自然科学」に対して「精神科学」という言葉を彼は用います。

しかし当時のドイツの知識人たちはシュタイナーをオカルティックな「神智学者」とみなし、黙殺します。シュタイナーはしばらく神智学協会と行動をともにしますが、結局そことも袂《たもと》を分かち、「人智学（アントロポゾフィー）」という独自の学問体系を掲げるに至ります。

第一次世界大戦で敗戦国となったドイツ国内には不満と不安が渦巻いていました。1919年、シュタイナーは社会問題の抜本的解決策として「社会有機体三分節化」という理念を発表し、多数の支持者を集めましたが、当時台頭し始めていたナチスからは壮絶な嫌がらせを受け、命を狙われることもありました。

同年、ヴァルドルフ・アストリア煙草工場で講演を行い、理想的な学校について語りました。それが好評を博し、話はトントン拍子で進みます。9月には「自由ヴァルドルフ学校」が開校するのです。人智学の教義を教える学校ではありません。人智学を通して獲得したものを、教育に活用する学校です。

海外では、「シュタイナー教育」という名称よりも「ヴァルドルフ教育」という名称のほうが一般的です。

シュタイナー教育のキーワード

人智学にもとづくシュタイナー教育には壮大な理論体系がありますが、これが非常に難解です。日本でも過去何度かシュタイナーブームが訪れました。ブームの最中で一般のひと向けにシュタイナー教育を軽く紹介する目的で書かれた雑誌の記事などを読むと、およそ以下のようなことが書かれています。

世の中は、目にみえるものと目にみえないものでできており、人間は、**身体（意志）と心（感情）と頭（思考）**の3つからできているとシュタイナーは考えました（図1）。また、シュタイナー教育では、人間は**7年周期**で変化すると考えられています（図2）。

0〜7歳は、身体を育てる時期。乳幼児は模倣《もほう》によって、手足の動かし方を学びます。で

図1　シュタイナーの人間観

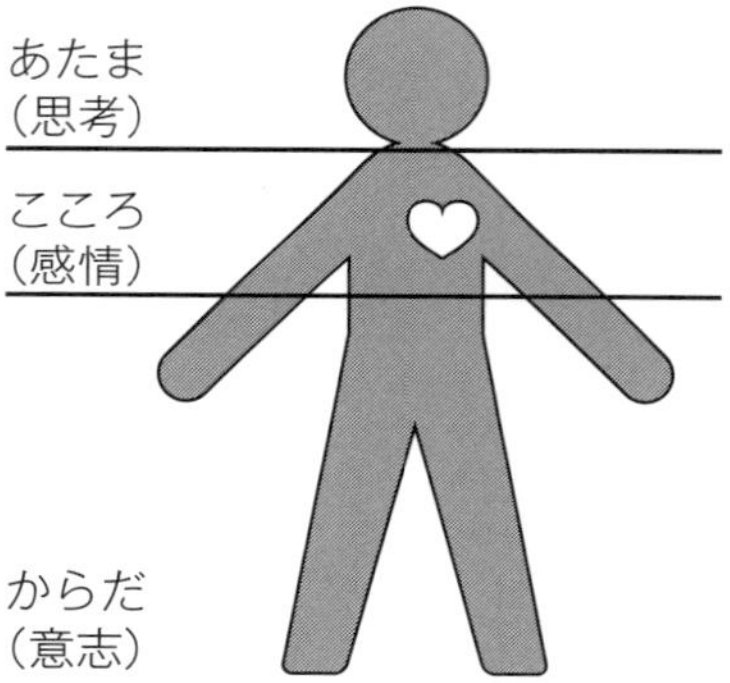

図2　シュタイナーの7年周期

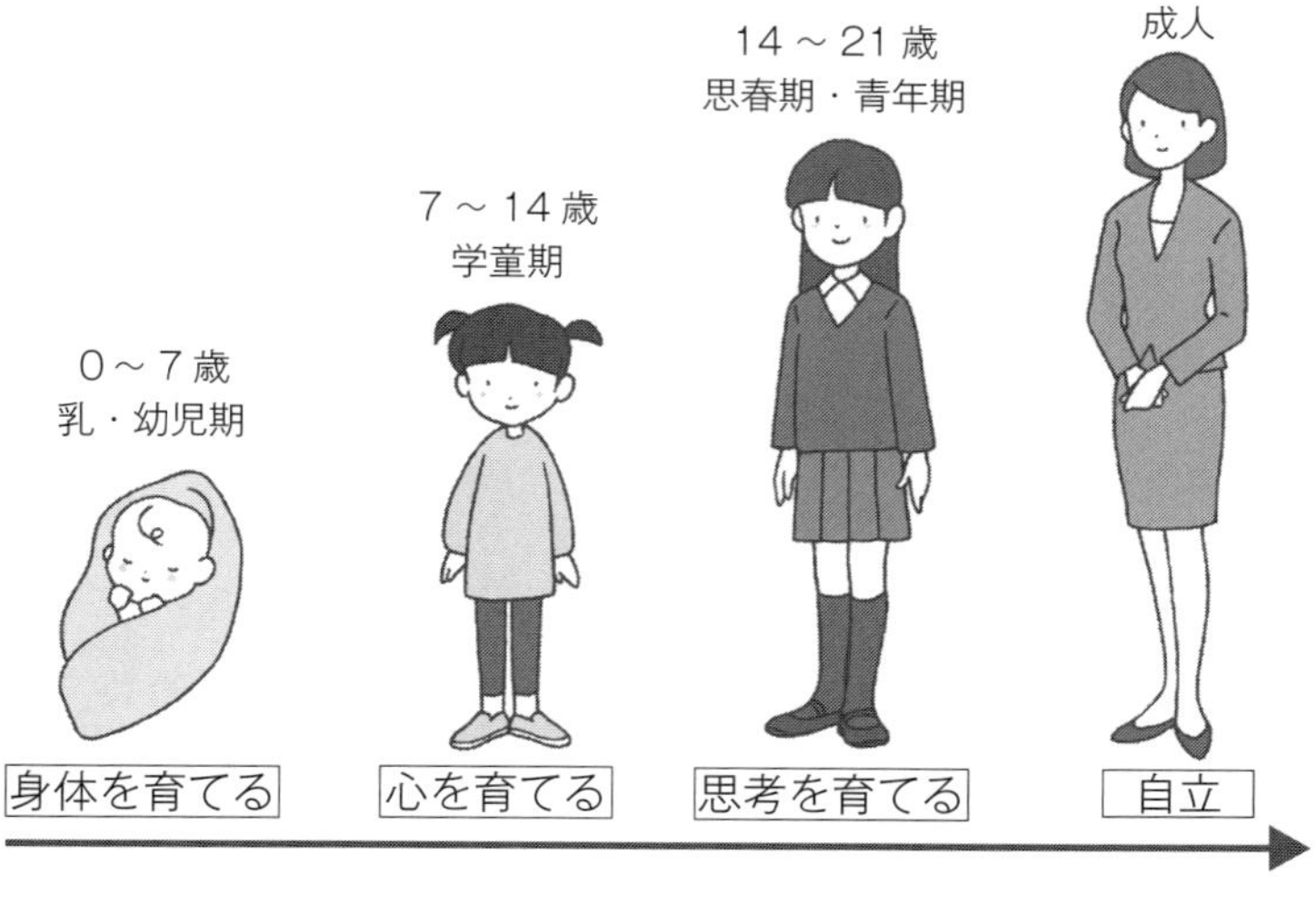

すからこの時期、大人の役割は教えることではなく手本を示すことです。また、「世界は善であり、その世界に私は受けいれられている」と感じられるようにしてあげることが大事です。

乳幼児の感受性はむきだしなので、過度な刺激を受けないように、環境を整備してあげる必要があります。だからシュタイナーの幼稚園では、電灯を布で覆《おお》い、できるだけ大きな音もたてないようにしています。

この時期に知識をつめこもうとすると、身体を育てるためのエネルギーがそがれてしまいます。この時期は、しっかりとした身体を育てることにエネルギーを集中させましょう。

7〜14歳は、心を育てる時期。親や教師を権威《けんい》として感じて、それに従うことを望む時期です。「世界は美しい」と感じられることが大事です。9歳くらいで「わたし」を意識できるようになり、周囲の世界との違いを認識し、孤独を感じることもあります。

14〜21歳は、思考を育てる時期。世界を客観的にとらえ、論理的に思考することが可能になります。権威に頼るのではなく、人間としての理想に目覚めます。真理を追究し、批判的精神を養う時期です。性的衝動《しょうどう》や欲望との葛藤《かっとう》も体験しながら大人になっていきます。

シュタイナーはさらに、人間には4種類の**気質**があると考えました（図3）。子どもの気質を知ると、子どもの言動への理解がしやすくなります。

図3　4つの「気質」

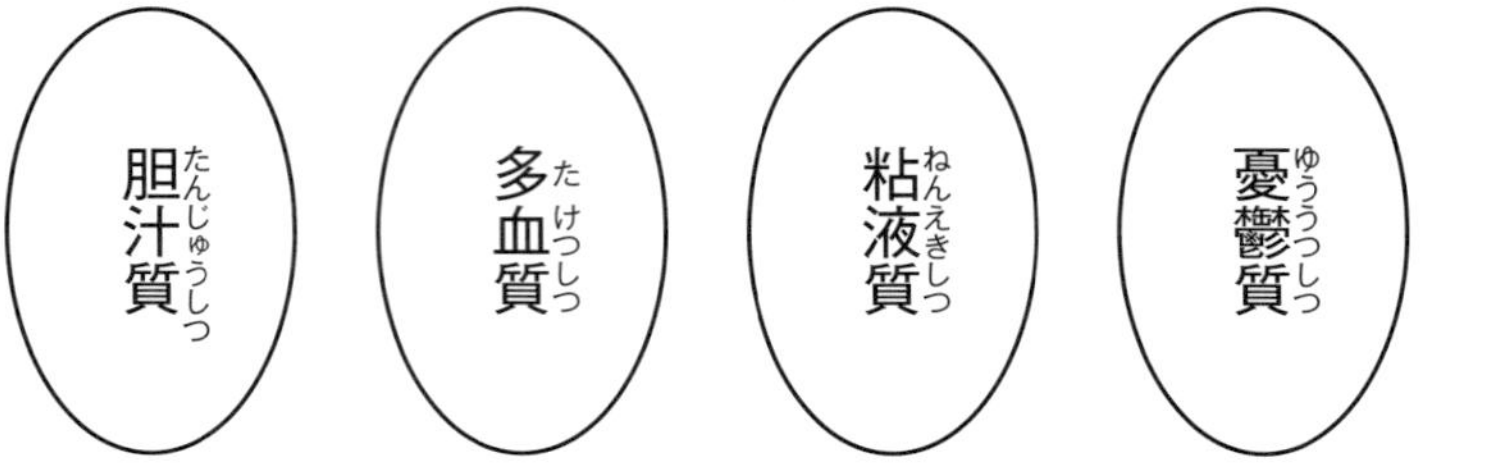

「憂鬱質」は、文字通り憂鬱な印象を醸《かも》し出すひとです。顔色が悪くうつむき加減。独創的で思慮深いが神経質。幼いころから自我に目覚めており、大人を困らせることが少ない。見た目的にもシャープで繊細な印象を与えます。

「粘液質」は、ゆっくりゆったりしています。よく食べ、よく寝ます。忍耐強く、冷静で穏やかで、まわりをなごませる力をもっています。ぽっちゃりとした体型です。

「多血質」は、いきいきとして明るく、つま先で飛び跳ねて歩くようなイメージのひとです。大人になっても子どもっぽさを残します。想像力が豊かで美的感覚が鋭いけれど、気分屋です。楽しいことが好きだけれど、飽きっぽいところもある。バランスのいいプロポーションをしています。

「胆汁質」は、エネルギーに満ちあふれた活動的なひとです。感情の起伏が激しく、好き嫌いがはっきりしています。暴力性が目立ってしまうこともあります。筋肉質でがっちりしています。

……と、こんな感じです。一般的にシュタイナー教育と聞いて連想されるのはこのような話かと思います。シュタイナーの理論を説明し始めるときりがないので、一般の親御さん向けに、実感をともなってわかりやすい、表面的な部分だけをみせてくれているのでしょう。あるいは聞き慣れない「人智学用語」などを中途半端に用いると、「怪しい」印象を与えかねないので、その手前で止めているのかもしれません。

でもこれだけでは、シュタイナー教育が、どういう背景理論にもとづいていて、どういう方向性の流れのなかにあるのかが、いまひとつみえてきません。

そこで本書では、もうすこしだけ解像度を上げて、再度、シュタイナー教育の基礎概念を説明してみたいと思います。ただし、ここからさきの内容は、文字どおり「スピリチュアル」な話です。そういうのが苦手なひとは、この部分は読み飛ばし、「教育現場レポート」から読み進めていただいてもかまいません。

肉体、エーテル体、アストラル体、そして自我

世の中は、感覚的世界（目にみえるもの）と超感覚的世界（目にみえないもの）からできています。超感覚的世界においては、感覚的世界のものさしで「そのエビデンスは何ですか？」と問うこと自体がナンセンスになります。

超感覚的世界までを視野にいれた精神科学の観点からとらえないと、人間の本質はみえてきません。ただし、近代人はすでにそのようなものを感知する根源的な本能の力を失っています。その失われた力の代わりになるものが、人智学であり精神科学であるというわけです。

精神科学の観点からみると、人間は、**「物質」「心魂」「精神」**の3つからできています。これらを構成するのが4つの要素です。

1つめの構成要素は、物質的な意味での**「肉体」（物質体）**です。ただしこれだけでは単なる肉の塊です。石ころと変わらない存在です。

2つめの構成要素は、**「エーテル体」（生命体）**です。物理や化学の用語の「エーテル」とは関係ありません。肉体よりも精妙な精神的組織です。エーテル体から肉体が結晶していま

す。エーテル体はすべての植物および動物にあります。ヨガや密教などの東洋思想における「プラーナ」や「気」と似た概念ととらえてもよいでしょう。単なる物質にすぎない肉体に生命を与えます。

3つめの構成要素は、**「アストラル体」**です。《快と苦・衝動・欲望・享受》の担い手です。思考や意志に大きく関わります。動物にもアストラル体がありますが、植物にはありません。アストラル体はエーテル体と肉体に浸透しています。

4つめの構成要素は、**「自我」**です。これがあることで人間は最高の被造物になります。人間以外にはありません。

エーテル体もアストラル体も聞き慣れない言葉ですが、人間が高次の感覚を発展させることによってみえるようになるとシュタイナーはいいます。

7歳までは文字を教えない？

子どもが大人になっていく過程で、この4つの要素が順番に発展していきます。

誕生のときに母胎から「肉体」が解き放たれたように、乳歯から永久歯に生え替わる時期に肉体から「エーテル体」が解き放たれます。それがちょうど7歳くらいなのです。

同様に、思春期を迎えると「アストラル体」が解き放たれます。それが14歳くらいなのです。

肉体は、感覚を通して外界とつながります。人間のエーテル体には、《習慣・性格・良心・記憶・永続的な気質》が付着しています。アストラル体には、《感情・判断力》が付着しています。

「肉体」を発展させる7歳までは、子どもの身体器官の感覚に働きかけることが重要です。この時期の子どもはよくまねをします。ですから、大人は「教える」のではなく、「手本を示す」ことで、子どもの感覚に働きかけるようにします。命令や禁止は子どもに何の作用もおよぼしません。

この時期、子どもが知覚するものすべてが、子どもの肉体に影響をおよぼします。子どもの周囲はすべて喜びと楽しさに満たされているべきです。服の色、壁紙の色まで、喜びと楽しさを呼び起こすように配慮しなければなりません。

無造作な木片や古くなったナプキンを丸めて目と鼻と口を描いた素朴《そぼく》な人形で遊ばせましょう。そのような遊びが子どもの想像力を活性化し、子どもの内面に喜びや楽しさをもたらします。完成された積み木セットや人形では、子どもが自分で空想によって何かをつけ加えることができません。

胎児が外界の刺激から守られているように、7歳までは「エーテル体」を外の刺激から守らなければなりません。この時期に知識をつめこんだりしようとすると、エネルギーがそちらに使われてしまい、肉体がしっかりと育つのを阻害してしまいます。

肉体が健全に成長しているあいだは、子どもはみずからにとって良いものをみきわめる本能をもっています。しかし早期教育がなされると、その本能は消滅します。ですから7歳までは文字の意味を教えこむべきではありません。文字の形をまねることはできますが、意味を理解するためにはエーテル体の力が必要だからです。

自己判断力が身につくのは10代後半から

7歳ごろにエーテル体が自由になります。エーテル体に働きかける時期のはじまりです。ただしエーテル体の形成には男女差があります。男の子の場合は7~16歳、女の子の場合は7~14歳です。

この時期の子どもは原理原則ではなく人間を信じます。ですから《権威・信頼・畏敬》が重要です。子どものまわりにいる大人が、子どもに権威を感じさせる存在でなければなりません。また、尊敬に値する人物について子どもに語り、子どもにその人物のイメージを与えましょう。伝説や歴史上の偉人の話も聞かせましょう。

ただし、権威を感じさせるために子どもを威圧したりいばったりする必要はありません。おのずから尊敬され畏怖の念を感じてもらえるような存在でいなければなりません。そういう存在であるかどうか、大人自身が試されるのです。

権威を感じる対象から子どもに流れこんでくるものが、子どもの《良心・性格・習慣》を形成します。

この時期、教育者の役割は、《真なるもの・善なるもの・美なるもの》を子どもの前に提示するのみならず、本当にそうなのだという実感を伝えることです。教える内容をではなく、教育者の存在そのものを子どもに流していくのです。

まだこの時期、子どもに判断を求めるべきではありません。それはアストラル体が自由になってから行うべきこと。順番をあべこべにしてはいけません。判断力を養うよりも大切なのは、記憶の育成です。九九や詩を暗記するのもいいでしょう。理解は不要です。

エーテル体にとっては生命を予感できるものが重要です。無機的なおもちゃは生命あるものへの信頼を形成することを不可能にします。

思春期になるとアストラル体が自由になり、個人的な判断力があらわれます。この時期には、権威的でないスタンスで、相互の心の交流を通じて、「認識と行動」への道を示してくれる大人の存在が必要です。しかもその「認識と行動」は、社会の荒廃のなかにあっても、生きる意味を与えてくれるようなものでなければいけません。

これまでの教育を通して十分に内的な成長を遂げてきた若者であれば、「世界認識」と「人間認識」の欲求が、おのずとあらわれてくるはずです。人間の第4の構成要素である「自我」に働きかけるのは21歳以降ということになります。

「道徳」と「本能」が一致するプロセス

人間を構成する4要素の1つである自我は、**「感受的心魂」「悟性的心魂《ごせい》」「意識的心魂」**の3つを司《つかさど》ります。3本の弦がある楽器を自我が奏《かな》でているのをイメージしてみてください。いろいろなハーモニーが生まれます。それが〝性格〟です。

自我が「意識的心魂」のなかでの働きに重きを置くと、外界を避ける性格になります。「感受的心魂」のなかでの働きに重きを置くと、外交的でアクティブな性格になります。自我が「悟性的心魂」を重視すると、バランスのいい柔軟な性格になります。

3本の弦が不協和音を奏でると、人間は《衝動・感情・思考》に引きまわされ、自暴自棄へと陥ります。

生まれたときには性格はありませんが、自我が3つの心魂のそれぞれのなかで活動し、学び、性格が形成されます。自我がまだ心魂という楽器を演奏しない子どものうちにあらわれる他人と違った行動は「個性」です。

人間が道徳的な理想をインスピレーションのように受けとると、それが「意識的心魂」「悟性的心魂」「感受的心魂」のなかに順にもたらされ、最終的には欲望がもたらすものと道徳的な理想が一致するようになります。ありのままで道徳的な存在になれるのです。

詳細は省きますが、心魂の営みは人間の身ぶり手ぶりや顔つき、筆跡、さらには来世の骨格にまで影響を与えるとシュタイナーは説いています。

芸術に導かれた子は創造力を発達させる

人生そのものが知性の発達を要求しているがゆえ、教師の心もどうしても知性に向かいがちになりますが、教師は道徳にこそ心を向けるべきだとシュタイナーはくり返し注意をうながします。子どもの道徳的な発達をおろそかにすることは、人間の本性《ほんしょう》に対する罪悪だと鋭く指摘します。

その点、芸術は、自由な人間本性の果実だといえます。シュタイナーは教育そのものを芸術ととらえました。シュタイナーはこういいます。

「知育」も芸術と結びつくときはじめて、本当の生活感覚と結びつくのです。そして義務感も、子どもの活動意欲が芸術的に、自由に、物質に働きかけるときにこそ、育っていくのです。(中略)知性だけですと、自然を頭で理解することになりますが、芸術的な感性は自然を直接体験させるのです。知性を育てられた子は、知的理解力を発達させます。しかし芸術に導かれた子は「創造力」を発達させるのです。「知的理解力」を行使する人はそのつど自分を消耗させます。「創造力」を行使する人は何かを達成するたびに大きくなります。

以上に述べたことが本当に活かされるためには、芸術要素を他の授業と並んでとりあげるのではなく、すべての授業のなかにそれをいきいきとくみこまなければなりません。なぜならどんな授業も、どんな教育行為も、それ自身がひとつの全体でなければならないからです。

しかし「芸術が人間の能力を育てるのに役に立つ」というような表現は嫌います。なぜなら、芸術は芸術そのもののためにあるからです。

シュタイナーは**「オイリュトミー」**と呼ばれる独特な身体芸術を完成しました。オイリュトミーとは「みえる言葉、みえる歌」。言葉と音調の霊的な法則と属性を、動作と仕草によって可視的に表現し、芸術体験を与えようとするものです。精神的な意味では、ハワイに伝わるフラダンスに近いような気がします。

この芸術体験をするためには、発音されるすべての母音、子音、音節、言葉、音調、響きの根底を流れる不可視の生命現象を芸術的に体験することができる「霊的な意識」が必要だとシュタイナーはいいます。

「科学万能主義」へのアンチテーゼ

いかがだったでしょうか。開き直った言い方をすれば、言葉だけではどうせ理解されないいことを、「ほら、わからないでしょ」と示すために、私はこの8ページほどを書きました。「超感覚的世界」が常人の理解を超えているのは当然です。書いている私自身、理解し切れているとは到底いえません。しかしシュタイナーはこうもいってくれています。

——知識が一番重要なのではありません。私たちが人智学から身につけるべきなのは、魂の気分、魂の奥底に存在する人生の基本感情なのです。

くり返しになりますが、科学ではとらえられない世界があるという話に対して「科学的ではない」という批判を浴びせても何の意味もありません。それこそ「科学万能主義」という狂信なのかもしれないのですから。

ここまでを読んで、それでも「なんだかうさんくさい……」と感じたひとは、シュタイナー教育には向いていなさそうです。「よくわからなかったけど興味をそそられた」というひとは、続く2つの「教育現場レポート」を読んでみてください。シュタイナー教育が具体的にどのような方法で人間を高みに導こうとしているのかが、つかめるはずです。

幼稚園だけでなく小学校もレポートします。文部科学省が正式に「小学校」として認可したシュタイナー学校があるのです。念のために記しておきますが、これらの園や学校は、人智学の教義を教えるところではありません。人智学を通して獲得したものを教育に活用しています。

教育現場レポートその①

父母と教師が自主運営する幼稚園

東京都三鷹《みたか》市の「ヴァルドルフの森　キンダーガルテン　なのはな園」を訪れました。井《い》の頭《かしら》恩賜《おんし》公園からも近い住宅地のなかにある、趣のある古い洋館が園舎です。門を入ってすぐ、大きなヒマラヤスギが出迎えてくれます。

父母と教師で構成される「一般社団法人ヴァルドルフの森」が自主運営している幼稚園型の認可外幼児教育施設。父母と教師によって構成される点、そして園長を置かない点は、オリジナルの「自由ヴァルドルフ学校」の精神そのままです。

取材をするにあたって、私はいくつかの約束をしました。子どもたちに聞かれたら、私はベテラン教師・松浦園《その》先生のお友だちであると答えること。子どもたちが関心を寄せてきても過剰に反応しないこと。環境になじむため、部屋の片隅で私も手仕事をしていること。おなじ手仕事を子どもたちがしたいといったら、静かに道具をわたし、いっしょにすること。

取材メモはできるだけ目立たないようにとること。「みせて」といわれても「大人の仁事」といってみせないこと。

子どもたちがいつもどおり落ち着いた環境で過ごせるようにするためのマナーです。私自身、子どもたちがいる場所を取材するときは、普段の雰囲気を乱さないように気をつけます。しかし事前にここまで細かく約束をすることは、ほかではあまりありません。この点からしてシュタイナーらしいなと感じました。

かといって、私が緊張しすぎるのもよくありません。緊張が子どもたちに伝わってしまうからです。私はできるだけ気持ちを透明にして取材に臨みました。

シュタイナー流「自由遊び」

園の第一印象を端的に表現すれば、「素朴」「温かい」「どこか懐かしい」。年少から年長の30人弱の子どもたちが通います。

子どもたちが過ごす部屋はほんのり薄暗く、取材をした晩秋ならではの空気の冷たさは感じますが、不思議と寒くはありません。壁の色は淡い桃色。天井にはふわりと波打つように薄い桃色の布がかけられています。先生たちは、淡い色のふんわりした素材のゆったりとした服を身につけています。幻想的に、柔らかく子どもを包みこむ環境が整えられています。

子どもたちが登園する前に、朝の教師の集まりがあります。３人の先生たちが、「魂の暦」という季節のことばを読みあげ、「オイリュトミー」を行い、神秘的な響きの歌を歌います。神聖な儀式のようです。そして今日の保育について手短に確認します。

8時45分から9時までのあいだに、保護者に連れられて子どもたちが登園します。それまで静寂の空気に包まれていた園が、まるで朝の目覚めのように徐々に活動を始めます。

「おはよう○○ちゃん」とみんながおたがいに挨拶します。シュタイナーの幼稚園では、年少さんから年中さんまでがおなじ部屋でいっしょに過ごします。上履きは毛糸の手編みのソックスです。

シュタイナーの幼稚園では基本的に毎日をおなじタイムテーブルで過ごしますが、曜日により活動の種類がちょっとずつ変わります。それによって1週間のリズムが生まれています。たとえば月曜日はみんなで野菜スープをつくってそれを昼食として食べます。火曜日には「にじみ絵」というシュタイナー教育に特徴的な活動を行います。水で濡らした画用紙に、絵の具の色を乗せて、「色を体験」します。そうやって描かれた色には境界線がありません。色と色が幻想的ににじみ合う様子から、子どもの心に調和がもたらされます。

この日は金曜日。金曜日はクレヨンの日。登園すると、まず画用紙にクレヨンで好きな絵を描きます。画用紙は普通のものですが、角は丸くカットされています。シュタイナー教育では、特に幼児のうちは、直線的なデザインのものを避け曲線的なものを使うようにとされています。これもその一環でしょう。

クレヨンのお絵かきを終えた子どもたちは「自由遊び」を始めます。

「ねえねえ、いっしょにあそぼ」

「またこれやろうぜ」

「え、あきたー」

「水族館にしようよ」

「最初に水族館をして、あとでボールで遊ぼうよ」

そんなやりとりが聞こえてきます。

シュタイナーの幼稚園では、お遊びの時間に先生が中心になって子どもたちを盛りあげるようなことはしません。先生たちも手仕事をしながら、子どもたちの様子を見守ります。松浦先生は縫いものをしています。もうひとりの先生は画用紙の角を丸くカットしています。別の先生は、この日のおやつをつくっています。

子どもたちがその手仕事をいっしょにやりたいといったら、静かに道具をわたしていっしょにやります。でも、いっしょになって騒いだり、べちゃくちゃおしゃべりをしたりはしません。いつも静かに、穏やかに。それがシュタイナー流です。

どんぐりや石ころを「おもちゃ」にする

部屋に置かれた「おもちゃ」は素朴なものばかりです。

不ぞろいな形の木片を丁寧に磨いて角をとり、油を染みこませたもの。手触りも大きさも積み木に似ていて、実際積み木のように遊べますが、積み木のように規格化されてはいません。それぞれの木片が個性をもっています。

いろいろな形のどんぐりや、石ころ、枝、貝殻など、自然の素材がそのままおもちゃとして置かれています。それをどんなふうに使って遊ぶのかは、子どもたちの想像力次第。石ころがおはじきにもなれば、おままごとのごちそうにもなれば、カチカチと音を響かせる楽器にもなります。

この日私は手仕事として、竹を30センチほどの短冊状に割ったものを紙ヤスリで磨いていました。これも子どもにとっては無限の遊び方ができるおもちゃになるのです。

綿でつくった手づくりのお人形には表情がありません。そのお人形が笑っているのか、泣いているのか、怒っているのかは、子どもたちの想像力がそのつど決めます。

そのほかに、ただの布、毛糸、紙、さまざまな形の器などがあり、そのすべてがおもちゃです。さきほどの会話の「ボール」だって、スポーツ用品店で売っているようなボールではありません。子どもたちが紙を丸めてつくった手づくりのボールです。「水族館」といっても、お魚のおもちゃがあるわけではありません。何かをお魚にみたてて遊ぶのでしょう。まさに、ミヒャエル・エンデの『モモ』にでてくる子どもたちのように、ここの子どもたちは遊びます。

精霊のようにふるまう子どもたち

自分が遊ぶ空間をついたてで囲む子もいます。必要に応じて先生がそこに布をかけます。個室のプレイルームのできあがりです。半畳サイズの畳も何枚か用意されています。子どもたちはそれぞれに自分が安心できる遊び場をこしらえます。いい遊び場ができると、お友だちが訪ねてきたりします。そしていっしょに遊びます。

子どもたちは楽しそうに会話をしながら、ときどき遊ぶおもちゃや相手を変えながら、自由遊びの時間を過ごします。でも、「ギャー」とか「オー」とか、大声が響きわたることはほとんどありません。ときどき興奮しすぎた子どもがいると、先生がその子の耳もとまでいって「そんなに大きな声を出さなくていいよ」などとささやきます。

先生が怒鳴るようなことはまったくありません。先生が子どもに指図したり制御したりすることもありません。ときどき特定の子が、思いどおりにならないときに「わーん」と声をあげることがありました。そんなときも先生たちは落ち着いて子どもに歩み寄り、静かな声で語りかけ、すぐに子どもは笑顔に戻ります。誇張して書いていると思うかもしれませんが、本当です。

その様子はまるで、ゆるやかな大河の水面でぴちゃんと魚が跳ねてできた波紋《はもん》が、すぐにまた大河のゆるやかな流れに溶けこんで流れていくかのようです。

あとから松浦先生が教えてくれました。「あの子は『胆汁質』の特徴が強く出やすい子です。それだけ思いが強く、思いどおりにならないと、わーんとなりやすい。毎日自分の強い思いと戦っているんだから、あの子だって大変なんです」

普通の幼稚園のテンションとはあきらかに違います。ここでは、子どもたちがよくコミュニケーションをとり合って社会を形成しているというよりは、ありのままの姿でより直感的にふるまいながら調和しています。子どもたちはまるで精霊のようにふるまいます。「私たちは守られている」とまるで顔に書いてあるようです。

子どもたちの前で「おやつ」を手づくり

10時になるとお片づけ。すべてのおもちゃがいつも同じかごに戻り、同じ場所に置かれることを「お片づけ」といいます。こうとらえることによって、幼児でも「お片づけ」ができます。10時20分からはみんなで「ライゲン」と呼ばれる、シュタイナー教育に独特の活動を行います。ドイツ語で「輪になって遊ぶ」という意味です。ただのお遊戯とは違って、美しい歌と言葉で自分の身体を動かす意味があります。みんなで輪になって、季節や仕事を表現する踊りをします。水曜日はライゲンではなくオイリュトミーを行います。

10時45分からはおやつの時間です。毎回先生が子どもたちの前で手づくりしています。おやつのメニューは曜日によって決まっています。たとえば水曜日はきび団子、木曜日ははと麦団子。この日金曜日はライ麦クッキー。

先生が「静かに、静かにしていると、天使の声が聞こえてくるよ……」という歌詞の歌を文字どおり静かに歌い始めると、子どもたちもそのまわりに集まって歌い始めます。そして「大地がつくり、太陽が実らせた、この食べもの。太陽と大地に感謝して、いただきます」といってから、クッキーをいただきます。

私もいっしょにいただきました。素朴で深い味がしました。

晴れた日であれば11時ごろからお庭遊びです。「園庭」や「プレイグラウンド」のような整備されたお庭ではありません。すべり台やブランコのような遊具はありません。大きな洋館なので、お庭もそれなりに広いものですが、基本的には一軒家についている普通のお庭です。ところどころに庭木も生えています。そこで普通のスコップや古くなったおなべなどを使って遊ぶのです。

この日は小雨が降っていたので、お庭での遊びはやめて、近くの公園に出かけることになりました。ゆっくり歩いて15分。遊具のない広場に到着です。そこでしばらく自由に駆けまわります。途中「あぶくたった、にえたった」の遊びには松浦先生も加わりました。

12時30分には園に戻り、お話の時間です。シュタイナーの幼稚園では、絵本を読み聞かせるのではなく、先生が語り聞かせてくれます。絵に頼ることなく、耳から入ってくる先生の言葉から状況をそれぞれに想像しながらお話を聞きます。だいたい2週間、毎日おなじ話をします。昨日聞いた話をもう1回聞くことでイメージが深まっていきます。「毎日違うものを与えるというのは大人のスピードです」と園先生はいいます。

お話が終わるとお祈りです。

「頭から足の先まで私は神さまの姿。胸の奥から手の先まで感じる神さまの息吹。口で私が話すとき、従うのは神さまの意志。あらゆるもののなかに神さまはいる。お母さんのなか、お父さんのなか、すべての愛する人のなか、動物のなか、草花のなか、木のなか、石のなか。神さまを見る私は、何も恐れるものはなく、ただ愛だけが私のまわりにある」

毎日子どもたちが園を隅々まで掃除する

12時50分からはお弁当の時間。10人のグループでテーブルを囲みます。テーブルの中央にはそれぞれ小さなお花が置かれます。お弁当箱は申し合わせたように木製のお弁当箱がほとんどです。毎週月曜日だけはお弁当ではなく、みんなでつくった野菜スープを食べます。

食事中は楽しく会話します。でもやはり、ギャーギャーワーワー大騒ぎする子はいません。決して堅苦しくはないけれど、けじめがある感じです。

食べ終わったら各自お片づけをして「ごちそうさま」。一斉の「ごちそうさま」はないので、自分のペースで食事を楽しむことができます。

お片づけをして歯磨きを終えた子から食後の遊び。みんなで毛糸を使った指編みをしていました。長く編んだ毛糸を最終的には先生が毬《まり》状にしてくれて、卒園の思い出にします。

13時30分には「さようなら」の歌を歌います。そのあと全員で手分けして掃除をします。

年末の大掃除かというくらいにすみずみまできれいにします。これを毎日やります。どうりできれいなわけです。

14時前に保護者がお迎えにやってきます。希望者は15時30分まで延長保育が可能です。ここではわかりやすいようにそれぞれの活動の区切りとなる時刻を書きましたが、実際には「○時になったからさあ次は○○の時間でーす！」ということはなく、先生たちが子どもたちの様子をみながら、ゆったりとしたリズムのなかに子どもたちを自然に包みこむようにして1日が流れていきます。

そのリズムに、たしかに自分自身が調和していくのがわかります。私自身、実は取材後半の記憶があいまいです。

できるだけ気持ちを透明にして、園の空気、流れに溶けこもうとして取材に臨みました。それでも午前中は意識的にまわりをみていました。しかししばらくすると、私も園の流れの一部に溶けこんでしまい、客観的に周囲をみることができなくなっていたようです。時間の感覚も薄れていました。途中からメモもほとんどとっていません。文字にできる情報の代わりに、穏やかな、それでいて清廉《せいれん》な気分の記憶だけが残っています。

一般的な取材としては失敗です。しかしシュタイナー教育の取材としては、うまくいったような気がします。

DATA

ヴァルドルフの森
キンダーガルテン　なのはな園

所在地▼東京都三鷹市井の頭
運営者▼一般社団法人ヴァルドルフの森
創　立▼1995年
ジャンル▼幼稚園型認可外保育施設
対　象▼
幼稚園……3～5歳（月～金）
つぼみクラス……2歳2カ月～3歳（月2回）
ふたばクラス……5カ月～2歳1カ月と安定期に入った妊婦（月2回）
小学生クラス……小学生（月1回程度）

1日の流れ（幼児部）

8:30～8:45	教師の集まり
8:45～9:00	登園
9:00～10:20	自由遊び（月はスープづくり、火はにじみ絵）
10:20～10:35	ライゲン
10:45～11:00	おやつ
11:05～12:00	お庭遊び（木および雨の日は散歩）
12:00～12:20	お片づけ
12:35～12:50	お話または人形劇、お祈り
12:50～13:30	お弁当
13:30～13:35	さようなら
13:35～13:50	お掃除
13:50	降園

先生インタビューその①

――松浦園先生に話を聞きました。松浦先生は、日本シュタイナー幼児教育協会の代表理事でもあります。

おおた　子どもたちは素朴で味わい深いおもちゃで遊んでいました。

松浦　現代の世の中には、かぎりなく本物に近い偽物《にせもの》がたくさんあります。どれが本物かを知ろうと思ったら、ひとは自分の感覚に聞きますよね。たとえば机が、本物の木でできているのか木に似せたプラスチックなのかをたしかめようと思ったら、叩いてみてその感触をたしかめたり、その音を聞いたり、匂いを嗅いだりしますよね。感覚が鋭い幼児のうちに、たくさんの本物の感覚を味わっていれば、理屈で考えなくても本物を見分ける力が身につくはずなんです。

おおた　物質的に本物か偽物かというだけではなくて、いろんな意味での偽物がありますよね。バーチャルなものも、情報も、ひとも、宗教も……。

松浦　そのとおりです。幼児期にたくさんの本物に触れていれば、物質の真贋《しんがん》だけでなく、その延長線上に、情報や人物の真贋も見抜けるようになるはずです。幼児期に何ができるようになるかではなく、その子が大人になったときに「何が真実で何が真実でないのか」をきわめられるようにすることまでを目指しています。

おおた　そのために「本物」に囲まれた環境を用意しているわけですね。

松浦　その「本物」には私たち大人もふくまれます。絶対に嘘をついてはいけません。よくありますよね。「じゃ、明日ね」とごまかすこと。

おおた　すみません。ときどきやります。

松浦　木のおもちゃを並べているのは、「おしゃれで素敵だから」というわけではないのです。そして、自由遊びで大事なのは、いかに自分で遊びをつくりだせるかです。電車ごっこをするのなら、椅子を並べて座席をつくったり、何かを踏切にみたてたり、子どもは自分の力で楽しめるんですよ。この姿勢が、だれかに幸せにしてもらう生き方ではなくて、自分の力で幸せになる生き方につながります。自分からこの楽しみと幸せをつくりだせたという感覚を、幼いときにたくさん経験することが大事なんです。

おおた　「あれがない、これがない。だから自分は不幸せだ」と文句をいうのではなく、あり合わせのものでできるという感覚も大事ですね。

松浦　「遊んで〜」「何か買って〜」「どこか連れてって〜」と、だれかに与えてもらうのを待つのではなく、自分から遊びをつくりだす経験を積むことが、自由遊びの意味です。
おおた　とすると、幼児期における教師の役割は……。
松浦　「ただここにいるだけ」で安心感を与えられるか。つまり「何をするか」ではなく「どうあるか」が大事です。私はもともと普通の幼稚園に勤めていたのですが、シュタイナー教育と出会ったときにいちばん印象深かったのはここですね。ただ淡々とその子に寄りそっていくんですよ。これをやればこうなりますという教育ではありません。だからわかりにくいのですけれど……。
おおた　「なのはな園」は文部科学省が認可する幼稚園ではなく、認可外幼児教育施設だと思いますが、先生たちはどんな資格をもっているのですか。
松浦　うちの先生たちは幼稚園教諭と保育士の両方の資格をもっていることを条件にしています。もちろんシュタイナー幼児教育の資格ももっています。
おおた　1日の活動を通して、先生が号令をかけることなく、自然な流れのなかで場面が変わっていきました。
松浦　わーっと遊ぶとき、子どもたちは大きく豊かに息を吐いています。お片づけをすることによって内側に収縮《しゅうしゅく》していきます。そしてみんなでいっしょにおやつを食べるなど一休みして、またわーっと外遊びをします。放っておいたら子どもは一休みをしません。だから呼吸のリズムを生活のなかにとりいれてあげることによって、子どもたちがふーっとのびのび息ができるようにしてあげる必要があります。

おおた そこは大人が意図的にしてあげないといけないんですね。

松浦 はい。だから保育園などでお昼寝の時間があるというのはすごく意味があることだと思います。寝るって、徹底的に自分の内側に入ることですよね。そこで「個」になれるんです。

おおた なるほど。

松浦 幼稚園の場合は、親御さんのところに帰ることで、集団から「個」に戻れるんです。でも保育園の場合、ずーっと集団だから、「個」になれる時間が少ないんです。

おおた 最近は大人でも、意識的に「個」に戻ることをせず、過活動状態で集団に流されている場合も多いように思います。

松浦 自立した大人になるためには、幼児期のうちから自分のなかに自分が戻ってこられる場所をもつことがとても大事です。そんなことはいちいち子どもに説明しませんが。ときどき「ふーっ」とのびのび息を吐けるようにしてあげればいいんです。保育園で育つお子さんは増えています。だとすれば、長時間保育のあり方を考えるうえで、シュタイナー教育の観点が大いに活かせるのではないかと思っています。

おおた　東京のような眠らない社会における子育ての難しさでもありますね。

松浦　音と光があふれていますよね。子どもは感覚が鋭すぎるので、過度な刺激から守ってあげなければいけません。

おおた　園のなかにもたくさんの覆いがありました。

松浦　それが刺激になっていることすら気づかないのが怖いですよね。

おおた　紫外線がみえないからといって、真夏の海岸で日焼け止めクリームを塗ってあげなければあとで大やけどしてしまうみたいなものですね。

松浦　ライフスタイルが変化して、週末が休む時間ではなくて、家族でおでかけする時間になっていることも子どもの成長には影響します。だからここでも、月曜日の朝はまずいっぱいおしゃべりが出てきます。月曜日はものすごく落ち着かないんです。そこから幼稚園のリズムが子どもたちを支えて、火、水、木、金と、だんだんと落ち着いてきます。この幼稚園では基本的に毎日おなじリズムで過ごします。「今日、何するの?」「次、何するの?」ということはありません。自由遊びが終わったらお片づけ。お片づけが終わったらライゲン。ライゲンが終わったら外遊び。みんなが知っています。そのリズムを崩さないことが子どもにとっての安心感になります。毎日違うイベントがあることは、楽しいようだけれど、やっぱりどこか、子どもを落ち着かなくさせてしまうんですね。

おおた　それも人生になぞらえれば、いつも精力的にあれこれやるばかりがいいことではなくて、むしろ淡々と毎日を過ごしていくことがどれだけ大事かということですよね。

松浦　体験をしっかりと身体のなかまで流しこんで、はじめて自分の力になります。でも現代社会では、大人も子どもも、体験をしっかりと身体のなかまで流しこむ時間がないと思うんですね。

おおた　ひとりでぼーっとする時間の価値をわかっていない大人が多いですからね。

松浦　その時間こそが大切なのに……。

おおた　みなさん卒業後はどんな学校に通うのですか。

松浦　いまは近くにシュタイナー学校がないので、半分以上が普通の公立小学校に進みます。2～3割が、近くにある明星学園という私立小学校に進みます。そして残りの2～3割が近郊のシュタイナー学校に進みます。藤野《ふじの》のシュタイナー学園に通うために引っ越す家族もあります。

おおた　ここにも小学生クラスがありますよね。

松浦　月に1回、シュタイナー教育のエッセンスを体験する機会を設けています。小1～6のお子さんが40人くらい来ています。

おおた　テレビやスマホについては保護者にどういうメッセージを発していますか。

松浦　幼児への影響を考えた場合、まず大人が、食事のあいだはみないようにするとか、朝の1時間はみないようにするとか、そこから離れる時間をもってみませんか……くらいの問いかけが必要なんだろうなと思います。これは国際的なシュタイナー教育の団体でも話題になっています。運転免許は18歳まで取れませんよね。メディアってそれくらいに危険なことじゃないかといわれています。何らかのガイドラインをつくるべきだろうと思いますが、まだ現実に追いついていません。

おおた　ある程度子どもが大きくなってからシュタイナー教育のことを知って、「え、うちの子、もう手遅れですか？」と心配される親御さんも多いのではないでしょうか。

松浦　3歳で入園してくるお子さんの親御さんにもそういう方はいらっしゃいます。「たくさんテレビをみせてしまったのですが……」というような。

おおた　そんなとき、先生は何というのですか。

松浦　「そのときにお母さんがいちばんいいと思ったことをされたんでしょう。シュタイナー教育にはたしかにたくさんの『べき』がありますが、それよりもずっと大事なのは、お母さんがどんな気持ちだったかですよ」とお話しします。シュタイナーがどうとかの前に大切なのは、親御さん自身が、そのつど、何が大事なのかをちゃんと選択していくことではないかと思います。テレビが一概にだめということではないんです。テレビよりも大事なことをみいだすことができたら、そっちを選択すればいい。テレビをみていて、あまりにもそのテレビ番組に吸いこまれるようだったら、「ちょっと休もうか」と止めてもいいのですから。テレビをみせないことを目的にしてもしょうがありません。

おおた　これも非常に現代的な問題ですね。正解のない世の中だといっている大人自身が、「どこまでならいいのか、悪いのか」と正解を求めてしまう。そのつど考えるしかないだろうと思うのですけれど……。

松浦　そうなんですよ！　それができることが「自由」なんですよ。自分で考えて、自分で判断して、自分で実践する、真の自由な人間を育てるのが、シュタイナー教育なのですから。

教育現場レポートその②

シュタイナー教育を行う小中高一貫校

神奈川県相模原《さがみはら》市にあるシュタイナー学園は、初等部・中等部・高等部の12年一貫教育を行っています。現在小中高を合わせて約２３０人の子どもがいます。

前身は１９８７年から東京でシュタイナー教育を実践してきた「東京シュタイナーシューレ」でした。俳優の斎藤工《たくみ》さんの出身校です。

２００５年に「構造改革特別区域法」を利用して文部科学省が認める正式な学校として、まず初等部と中等部が生まれ変わりました。２０１２年に高等部が開校しました。「芸術としての教育」を通し、《思考・感情・意志》の調和した真に自由な人間を育てることを理念とした私立小中高一貫校です。

その初等部・中等部を訪れました。最寄り駅はＪＲ中央本線の藤野。そこからバスで約15分。相模湖は紅葉が美しい季節でした。

廃校を活用した校舎は、思った以上に山奥にありました。学校近くまで保護者の車で送迎してもらう子どもも多いようです。

「エポック授業」で集中的に学びを深める

8時30分から「エポック授業」が始まります。

エポック授業とは、国語・算数・理科・社会のうち1つの教科の内容を、毎日105分間、2~3週連続して学ぶ集中授業です。毎日細切れに1時間ずつ国語や算数の授業をするのではなく、ある期間は理科なら理科、社会なら社会を、徹底して集中的に学びます。

1つの教科に浸りきったら、また別の教科にとりくみます。その間に、前に習ったことは忘れてしまうかもしれません。それでいいのです。学んだことは、一旦忘れることによって、新しい段階の記憶に変わるからです。

エポック授業は、単なる座学ではありません。身体を使うリズム活動と感覚や感情を動員する体験的な学びを理論的な学びと融合させた、芸術性に富んだ総合的な学びの時間です。子どもたちのために選び抜いた教材を用いて、それぞれの先生が独自に内容を考案します。おなじ学年でも先生によって学ぶ内容や手順がまったく異なることも珍しくありません。教師の裁量が大きいのです。エポック授業は担任が行います。

午前中のもっとも集中力が高まる時間にこのエポック授業を行うことで、1日の活動に動と静のメリハリが生まれます。シュタイナー教育を実践する学校の土台ともいえる授業です。

全身全霊で伝えようとする教師

5年生のエポック授業を見学しました。

世界のシュタイナー学校で毎朝唱えられている「朝の詩」から始まります。季節にちなんだ歌も歌います。教会のミサのような雰囲気で、授業が始まります。

「昨日のお話を思い出してみてください」

暗転した舞台のうえでスポットライトをあてられた女優が、観客にそっと語りかけるように、先生が話し始めます。たったその一言を、まなざし、身ぶり手ぶり、声のトーン、全身全霊で伝えようとしています。子どもたちもたちまち引きこまれます。「これがシュタイナー教育か」。この瞬間だけで、私は感動を覚えました。

「オシリスの棺《ひつぎ》がナイル川に流されました。イシスが夢をみて、神殿の柱のなかにオシリスの棺があることを知り、イシスがその国にいくと、ちょうど王様の子どもが大病に罹《かか》っており……」

エジプトに伝わる神話について学んでいるようです。黒板には、ピラミッドやナイル川、神話のシーンなどの絵が芸術的なタッチで描かれています。これを描くのに何時間かかったことでしょう。

話題はピラミッドに移ります。

「ピラミッドをうえからみたらどんな形だかわかりますか？」

子どもたちはそれぞれに自分の考えを述べます。

「そう、真四角ですね。エジプトのギザというところには『ギザの3大ピラミッド』と呼ばれるピラミッドがあります。いちばん大きいものはクフ王の墓だといわれています。どれくらいの高さがあると思いますか？　メソポタミアの宮殿は高さ90メートルでしたね」

また子どもたちはそれぞれに自分の考えを述べます。

「正解は147メートルです。ではピラミッドの1つひとつの石の大きさはどれくらいだと思いますか？」

子どもたちの反応をたしかめながら、ひとりの女の子を指名して、黒板の前に立たせ、尋ねます。

「身長は何センチですか？」

「149センチです」

「1つひとつの石の大きさはだいたい150センチくらいです」

子どもたちの頭のなかに、実物大のピラミッドの石が思い浮かんだことでしょう。

「どんなひとがピラミッドを建てたと思いますか？　バビロンの塔は、ギルガメッシュ王が、ひとびとを無理矢理働かせてつくりましたね。ところがエジプトは違います。8月には川が増水して、村のひとびとは仕事ができません。そこでエジプトの王様は、ピラミッドをつくりましょうといって、ひとびとを働かせ、パンやビールや賞金を与えたのです」

それを聞いた子どもたちがキラリと反応します。

「わー、すごい！」

「ギルガメッシュより、優しいね！」

先生は、ピラミッドに関連するさまざまなエピソードを紹介します。世界史の試験に出るような話ではありませんが、当時のひとびとの様子や気持ちがありありと伝わってきます。

「木と青銅と石しかありません。大きな岩をどうやってわったのでしょうか？　となりのひとと考えてみてください」

子ども同士に考えさせ、自由に発言させます。

「石にすこし隙間をつくったら、そこに木を挟んで、お水をかけます。そうすると木が膨張して、石が自然にわれるのです」

「超頭いい！」

「先生、1つの石の重さはどれくらいですか？」

「大きい石は2トンです。じゃあ、どうやって運びますか？」

またみんなで考えます。子どもの1人が手をあげて、自分の考えを発表します。彼は、自分の机のうえに鉛筆を並べ、そのうえに筆箱を置いて転がしました。

「うえのほうにはどうやって置くのでしょう」

これもみんなで考えます。

「ゆるやかな傾斜をつくって、そこまですべらせていくんです。クフ王のピラミッドは210段までありました。いちばんうえに届かせるには2キロくらいの坂が必要でした」

子どもたちは先生に対して絶対の敬意と信頼を寄せています。教室がざわつくことはありません。しかしシーンと静まり返っているわけでは決してない。むしろ脈打つように、教室全体が静かに力強く躍動しています。これは名門校と呼ばれるような進学校でもよくみられる光景です。

「では、今日話した内容をまとめてみましょう」

黒板には、今日の話の要点を200文字くらいにまとめた文章が、紫色で書かれていました。子どもたちは紫色の鉛筆をとりだして、B4サイズの画用紙でできた「エポックノート」に文章を写しとります。これが学習の記録となり、また、自分だけの教科書になります。

さらに先生が補足します。

「メソポタミアでは星空の観測による時間の概念が生まれました。エジプトでは『きちんと測る』という考えが生まれました。ピラミッドはきれいに東西南北を向いています。夕暮れにいってみたら、どうみえるでしょう？」

「きれい！」

目を輝かせた女の子が思わず叫びます。授業のなかでピラミッドの写真をみせたりはしません。でも、子どもたちの心には、巨大なピラミッドがありありと実感をともなってみえているのです。

「これでエジプトの話はおしまいです」

すると子どもの1人がすかさず反応します。

「じゃ、次は中国？」

世界4大文明を学んでいる最中のようです。

「最後に1つだけみなさんにみせたいものがあります」

先生がとりだしたのはナツメヤシでした。

「古代エジプトではビールをつくるのに使われていたといわれています。食べてみたいひとは食べてみましょう」

チャイムも号令もなく、授業は終わり。そのまま「おやつの時間」になりました。お弁当とは別に、各自果物やカステラなどをもってきており、エポック授業の後に食べるのです。エポック授業で集中していたところからのメリハリです。

子どもたちが私にもリンゴやカステラを分けてくれました。先生がもってきてくれたナツメヤシもいただきました。

ハイレベルなオールイングリッシュ授業

エポック授業のあとは、45分間の専科の授業が午前中に2コマ、午後に2コマあります。2年生の「英語」の授業と「手の仕事」の授業を見学しました。

時間になると、お当番の子が、講師室まで専科の先生を呼びにいきます。英語の先生はシュタイナー学園出身だそうです。教室の机はうしろに寄せられ、床に座る形で授業を行います。もちろんオールイングリッシュです。

身体を動かしながら、たくさんのチャンツを歌ったりゲームをしたり、リクリエーションの時間のようなにぎやかな授業です。子どもたちはクスクス、ケラケラと幸せそうに笑いながら授業を受けています。

わーっと盛りあがったあとは、お話の時間です。絵本は使いません。先生が語り聞かせます。ただ、子どもたちの目の前には、手作りの素朴な人形が並んでいます。雌鶏が主人公のお話です。猫や犬、豚、牛の人形を、ストーリーに合わせて子どもたちが動かします。

小学校低学年としてはかなりハイレベルで高濃度な英語の授業でした。

授業が終わると担任の先生が教室に戻ってきます。担任の先生は教室の電灯を消します。これもメリハリなのでしょう。

「お水を飲みたい方はどうぞ。トイレにいきたい方もどうぞ」

先生は優しい声で、そっと歌を歌い始めます。教室に残っている子どもたちもいっしょに歌います。歌が終わると「フルーツバスケット」が始まりました。子どもたちのテンションは一気にあがります。「ああ、楽しかった」と一息ついたところで、先生がいいます。

「では、『手の仕事』を始めますから先生を呼んできましょう」

お当番さんが、「手の仕事」の先生を呼びにいきます。

ベテランの女性の先生が、編み物を教えてくれます。ここでは担任の先生もサポートします。さきほどフルーツバスケットをしたのとおなじ形で、椅子を輪の形に並べて、それぞれの編み物にとりくみます。わからないところがあれば、先生に質問します。先生の前には質問の行列ができています。

黙々と編み進める子もいれば、どうしても気が散ってしまう子もいます。おふざけが始まってしまった子には、担任の先生が「○○くん、もうすこし小さな声で。耳が痛いよ」「そんな言い方をしたら悲しくなるよ」「毛糸はみんなが使うもの。転がしたら汚れちゃうよ」「巻きながらわたしてあげれば、お友だちも喜ぶと思うよ」などと諭《さと》します。

12時15分から50分間が昼休みです。

昼休みにはやはり教室の明かりを消します。2年生の教室では、机を丸く並べてお弁当を食べていました。ほとんどの子どものお弁当箱は「わっぱ」でした。

お昼を食べ終わった学年から校庭にでて自由に遊びます。小学生から中学生までがいっしょになってドッジボールをしていました。

子どもの感性を高める「音楽」の時間

5年生の「音楽」の授業も見学しました。これがまた、神秘的な授業でした。

音楽の授業は「音楽室」で行います。音楽室といっても、ピアノがでんと置かれているような普通の音楽室とはまるで違います。何もない広い部屋。棚には古代の民族楽器のような見慣れない素朴な楽器が並んでいます。明かりは消えています。空が曇っていたこともあって、教室のなかはかなり薄暗い印象です。

音楽の先生の声はほとんどささやくように小さな声。取材メモ用の紙をめくることすらはばかられるような静寂に包まれた音楽室。まるで禅寺のような空気感です。

先生が、「コン、コン、コン」と音のする木の楽器を叩きます。そのリズムに合わせて、子どもたちはゆっくり歩いたり、速く歩いたり、後ろ歩きをしたりします。そのとき、子どもたちは目をつむっています。だれかがだれかとぶつかると、先生が楽器を止めます。そして尋ねます。

「○○さんは、いまだれとぶつかっていますか?」

目を閉じたまま、自分とぶつかっているのがだれなのかを感じとり、答えます。当たるときもあれば当たらないときもあります。でもそうやって、感じとる訓練をしているわけです。

次に3人ずつのグループになって、前のひとの肩に後ろのひとが両手を乗せて電車のような形になります。いちばん前と2番目のひとは目を閉じています。いちばん後ろのひとだけが目を開けています。そしてさきほどとおなじように、先生が楽器を叩きます。後ろのひとは教室全体をみわたしながら、前のひとの気持ちも感じとり、前のひとを導きます。前のひとたちは目を閉じたまま、後ろのひとの手から伝わる感触から速さや方向を受けとります。そうやってほかのグループにぶつからないように歩きます。

その様子をみて、先生がいいます。

「すばらしい」

その後、4つのグループに分かれて、4種類の楽器をそれぞれにもって、4拍子のリズムで鳴らしたり、ベッケンと呼ばれるシンバルのような楽器を5人で規則正しく鳴らしたり。調和的な音の響きを、耳ではなく、身体全体で感じます。ときどきわざと音を抜かして、音のない音を感じたりもします。

つづいて、細長い金属の棒でできたシュトゥーベという楽器を何人かで順番に鳴らします。非常に繊細な音のする楽器です。音階があるわけではありません。素朴な金属音を、何人かで調和的に鳴らすことで、心地良い響きが全身の細胞を震わせる。そんなふうに演奏する楽器です。

しかしときどき調和が乱れます。何かがおかしい。もしかしたら、私という〝異物〟が音楽室の片隅にいたからかもしれません。それくらいに繊細な空気が、音楽室の中にはありました。

「もっといい演奏ができるはずです」

先生が嘆きます。

「ピアノやバイオリンは、自分（演奏者）が言いたいことを表現する楽器です。しかし、この楽器は、楽器に言いたいことがあります。それを出してあげればいい。余計なことを考えたらできません」

音楽室に、哲学的な表現が響きます。

「2週間練習してきたわりにはいい演奏ができていません。演奏としては質が良くなかったよね。音楽以外のことがうずまいていて、音楽になっていない。音に向かいきれていない感じがします。OK。ありがとう」

つづいて、一般的なリコーダーとは違う木の縦笛で、曲を奏でます。そして音をひとつひとつたしかめながら、「ハ長調」「ヘ長調」「ト長調」「ニ長調」などの言葉も確認します。

しかし、曲の最後がうまくまとまりません。先生がアドバイスします。

「あまりうまく飛べない小鳥がいて、そっと飛ばせてあげるような終わりかたをしてあげて」

なんと詩的な表現なのでしょうか。

最後に合唱です。ひとりひとりの声の個性をいかしながら、1つのハーモニーにまとめていきます。

ド・レ・ミ……といった音階とは違う次元で、音の響きを感じとり、調和させる音楽の授業でした。

オイリュトミー、水彩、フォルメン線描

見学はできませんでしたが、そのほかのシュタイナー学校に特徴的な教育活動についてもここで触れておきましょう。

シュタイナー学校の特徴的なカリキュラムに、音と言葉を身体の動きであらわす「オイリュトミー」の授業があります。ギリシャ語で「美しい調和のリズム」の意味。シュタイナー学園では全学年で必修です。

言葉や音楽のなかに息づくさまざまな法則性を、全身を使って動きながら感じとります。最初はシンプルなフォルムからはじめ、学年があがるにしたがって、幾何学的《きかがく》なフォルムやより複雑な抽象的なフォルムに進み、方向感覚、柔軟な思考、自然で美しい歩みと身ぶり、空間のなかで他者とともに動く社会性を身につけます。

そのほかシュタイナーの学校に特徴的な活動として、「水彩」と「フォルメン線描《せんびょう》」があります。

「水彩」では、濡らした画用紙に、水彩絵の具の色を置き、にじませて描きます。「ぬらし絵」「にじみ絵」ともいいます。対象物を具象的に描くことを目的とせず、純粋な色彩体験を味わわせることを主眼として、1年生から導入されます。4年生になると、エポック授業の内容と連動させながら、濡らし絵の手法で具象的な絵を描き始めます。6年生以降、外界の観察力が育ってくると、乾いた画用紙に原色をうすく塗り重ねる「層技法」が導入され、風景画や人物画も描けるようになります。

「フォルメン線描」では、外界のさまざまな形の要素と動きを感じとるため、直線、曲線、図形や模様を線で描きます。1～4年生ではエポック授業のなかで行われます。

1年生では、文字を書く前に、フォルメン線描で文字にふくまれる形態的要素を感受します。学年が進むにしたがって複雑な文様《もんよう》や幾何学的な形状を線描するようになります。5年生で「フリーハンド幾何学」、6年生で定規とコンパスを使う「幾何学」へと展開します。フォルメン線描で身につけたものが、「植物学」「鉱物学」「物理学」などにおける形態的な要素を感じとる力にもなります。

シュタイナー学園では、演劇、工芸、演芸などにもとりくみます。計算や漢字の反復練習は専科の「練習」の時間に行います。ただし低学年ではテストは行いません。

DATA

シュタイナー学園
初等部・中等部・高等部

所在地▼神奈川県相模原市緑区
運営者▼学校法人シュタイナー学園
創　立▼2005年
（前身の東京シュタイナーシューレは1987年）
ジャンル▼私立小学校・中学校・高等学校
対　象▼小学生、中学生、高校生

時間割（6年生）

<table>
<tr><th></th><th>月</th><th colspan="2">火</th><th>水</th><th>木</th><th colspan="2">金</th></tr>
<tr><td>8:30～10:15</td><td colspan="7">エポック</td></tr>
<tr><td></td><td colspan="7">中休み</td></tr>
<tr><td>10:35～11:25</td><td>コーラス</td><td rowspan="2">手の仕事①</td><td rowspan="2">工芸②</td><td>水彩</td><td>英語</td><td colspan="2">練習</td></tr>
<tr><td>11:30～12:15</td><td>中国語</td><td>練習</td><td>書道</td><td colspan="2">英語</td></tr>
<tr><td>12:15～13:05</td><td colspan="7">昼食・昼休み・清掃</td></tr>
<tr><td>13:10～13:55</td><td rowspan="2">体育</td><td rowspan="2">工芸①</td><td rowspan="2">手の仕事②</td><td>オイリュトミー</td><td>練習</td><td>オイリュトミー</td><td>練習</td></tr>
<tr><td>13:55～14:40</td><td>園芸</td><td>練習</td><td>練習</td><td>オイリュトミー</td></tr>
<tr><td>14:45～15:30</td><td>園芸</td><td colspan="2">（校庭開放）</td><td>ホームルーム</td><td></td><td colspan="2"></td></tr>
</table>

先生インタビューその②

――木村義人先生と事務局スタッフの黒瀧るみ子さんに話を聞きました。

おおた　シュタイナー教育の教師として大事なことは何ですか。

木村　子どもたちの呼吸をみることです。必要以上に緊張していないか、必要以上にリラックスしていないか。エポック授業は2時間近くつづきます。大人でもずっと集中していられませんよね。だからメリハリをつけます。低学年の授業はゆっくり進みます。高学年になるとだんだんリズムが早くなります。

おおた　学年によって微妙にリズムが違うから、異学年合同ではないのですね。

木村　エポック授業のなかにも、《リズム→集中→お話》という流れがあります。最後は、教室の明かりを消して、ろうそくの火を囲んで、先生が語り聞かせをして、ゆったりした呼吸で終わります。バタバタしたまま終わってしまうと、学びが整理されません。

おおた　頭には入っても身体に入ってこないという意味ですね。

木村　呼吸と並んで大事なのは、芸術だと思います。芸術が授業を色づけてくれます。単に知識をつめこむのではなくて、知識をおもしろいとか楽しいという感情でとりいれたときにはじめて消化できて、彼らの力になります。歌を歌ったり、毎日詩を読んだり、身体を動かしたりして、自分の肉体にとりいれるようにします。

おおた　芸術同様に、理屈抜きで心を動かすような授業でないといけないということですね。

木村　懐石料理とかフランス料理とかに似ていますよね。前菜があって、メインがあって、デザートで終わる。そして芸術的な要素があって、見た目にも美しい。

おおた　味に変化があるだけではなくて、見た目にも美しいから味わいが増すという意味があるわけですね。シュタイナー教育に対するよくある誤解にはどんなことがありますか。

木村　授業を見学された保護者の方がよくいうのは、「授業はたしかによかった。でもこのような教育で、現実社会のなかでやっていけるのですか？」ということです。

おおた　どう答えるんですか。

木村　うちは進学校ではないので、受験勉強はしません。個性を伸ばします。でも実際には東大をはじめとする有名大学にも何人も進学しています。個性を伸ばすからといって進学に必要な力が伸びないわけじゃありません。

おおた　シュタイナーの理想とする社会からはほど遠い、世知辛い社会にでたら潰されるんじゃないかという不安もありますよね。

木村 実際にはそんなことはありません。社会のなかで個性を発揮して、ユニークな活躍をしている卒業生がたくさんいます。そういう意味では、大人のほうが、子どもの成長を信頼しきれていないんですよね。

おおた 一般的な日本の教育では、学校で競争させることで、社会にでても通用する力を身につけるという発想がいまだに根強い気がしますが、競争に勝ちつづけてきたひとが、どこかでついに負けてしまったときに、心がポキンと折れてしまうということはあるわけで、それは本当の強さではないですよね。

木村 シュタイナー教育では、自己肯定感を高めることで、外からの力につぶされない子を育てています。

おおた クラス替えがないことについて、保護者からの不安や不満はありませんか。

木村 各学年が1クラスでずっとメンバーが替わりません。その家族的なつながりのなかで、おたがいの欠点もふくめて認め合うことができるように育つのがこの学校の1つの特徴だと思います。

おおた この学校は、いわゆる「一条校」。文部科学省が認める正式な学校ですが、エポック授業があったり、オイリュトミーがあったり、普通の学校の時間割とはまるで違います。

それでも学習指導要領に沿っているといえるのですか。

黒瀧　学習指導要領の指導内容を満たすために、芸術教科が多い分、授業数が多く設定されています。また、エポック授業や専科の授業を、時間単位で学習指導要領の各教科に割りあてて、一般的な学校と同等の内容をカバーしていると認められています。

おおた　担任の先生たちは全員小学校教諭の免許をもっているわけですね。

黒瀧　はい。そしてシュタイナー学校の教師を育成する教員養成コースも出ています。

おおた　宿題は出ますか。

黒瀧　クラスの子どもの状況によっても変わりますが、3年生までは負担となるような宿題は出ません。親御さんとの交流ができるもの、五感を使った楽しい宿題はあります。家のまわりで聞こえてくる音をカタカナで書いてみようというような感じです。4年生以降は一般的な学校でだされる計算・漢字の宿題があります。7年生以降は英語・国語・数学の宿題がでます。エポック授業の内容をまとめる作業も毎日自分でやらなければなりません。

おおた　先生たちの服装がみな、オーガニック系というか、手づくり系というか、ふんわり柔らかいイメージのものでした。何か決まりがあるのですか。

黒瀧　決まりはありませんが、低学年の担任は、ゆったりした授業のリズムや教室の雰囲気に合わせて、身体の線が出ないふんわりした服を着ることが多いです。黒やグレーなど無彩色の服もなるべく避けるようにしています。

おおた 2年生のお弁当の時間、ほとんどの子どもが「わっぱ」を使っていました。指定されているのですか。

黒瀧 指定ではありません。ただ、子どもを包む環境として、できるだけ自然素材をそろえてあげましょうという方針ではあるので、わっぱを選ぶご家庭が多いのだと思います。

おおた テレビやスマホのようなものに対してはどのようなメッセージを発していますか。

黒瀧 なぜ遠ざけてほしいのかという理由とあわせて、「できれば遠ざけてほしい」というメッセージを伝えます。まずは大人も学び、気づいてほしいですね。むやみに「〜しちゃいけない」ではなく「どうするのが子どもにとっていちばん良いか」をともに考えていきたいですね。

子育てに役立つヒント

結局どうすればいいのかは「わからない」

人間は、理路整然とまちがいを犯すことのできる唯一の生き物です。手に入る判断材料をすべて目の前に並べて考え抜いてだした答えが、実はまちがった方向を向いているということはよくあるでしょう。手に入る判断材料が、判断に必要なすべての材料ではないからです。

自然科学がいくら進歩したからといって、現在の私たちは、宇宙のごくごく一部のことしか知りません。脳科学が進歩したといっても、私たちの脳について、まだごくわずかなことしかわかっていません。結局大事なことは何もわからない。そのことに気づくことが、まず大事です。

目にみえているものだけをみていると、全体を見落とす可能性が高いのです。

たとえば「国語と算数のテストの成績がいいことがもっとも価値ある教育の成果である」

と決めてしまえば、そのために教育者がすべきことは明確になります。テストにそっくりな問題をたくさんやらせて、速く正確に答えられるように訓練すればいいだけです。〝いい大学〟に合格することが小中高の教育の成果であると定めたとしても、所詮はテストの種類が増えるだけです。

教育の目標をどこに置きますか。〝いい大学〟にいれれば満足ですか、〝いい会社〟に就職できればOKですか、お金もちになればいいんですか、有名人になればいいのですか、社会的名誉がほしいのですか……。

〝いい学校〟も〝いい会社〟もお金も名誉も、みんな自分ではないだれかが認めているだけの価値です。みんなが「いい」というものを良いとしているだけです。それが目にみえやすい価値だからです。万人にわかりやすい価値だからです。

「でも、そういうものを基準にして生きる人生は本当に自由ですか？」

シュタイナーは、私たちにそう問いかけます。

みんなが認める〝いい学校〟に行きたいと思うのも、みんなが認める〝いい会社〟に入りたいと思うことも、お金をたくさん稼ぎたいと思うことも、有名になりたいと思うことも、名誉を得たいと思うことも、それこそがひとそれぞれの「自由」ではないかと訴えるひとがいるかもしれません。

でも、その「自由」はあくまでも自分の外側にある権威や価値を前提にしたものです。いくら稼いだって、お金は使えばなくなってしまいます。ほめてくれる他人がいなければ、有名になることも名誉を得ることもできません。自分以外の何かに寄りかからないと価値が証明できない人生は、本当の自由な人生ではありません。

では、どうしたらひとは自由になれるのか。私たちの自由はどこにあるのか。

「それは自分の魂に聞きなさい。あなたの魂が、ご機嫌でいられる方向に進みなさい。あなたの魂が軽やかに弾《はず》む経験のことを芸術と呼ぶのですよ」

そんなシュタイナーの声が聞こえてきます。

だとすれば、どんなときに本当に自分の魂がご機嫌になるのかを感じとる力を磨くことこそが、もっとも大事だということになります。シュタイナーはこうもいいました。

> できるかぎり早く子どもが人間的――地上的な意味で利口になってほしいと今日の人間は望んでいますが、それはもっとも好ましくないことです。

「子どものころに、自分の魂の気分を感じとる力を磨いておかないと、あとからとり戻すのは至難の業ですよ。文字や計算や英語なんて覚えることに、かぎられた時間やエネルギーを費やしている場合じゃないんですよ―という意味だと私は思います。

親自身が、自分の外側にある権威や価値に寄りかかって生きていて、そういう生き方しか知らなかったとしたら、子どもにシュタイナー教育を受けさせたとしても、その効果は限定的でしょう。シュタイナーも警告します。


子どもはエーテル的な母の覆いのなかで眠り、アストラル的な周囲に根ざしているので、子どもの周囲でものごとがどのようにおこなわれるかが重要なのです。思考のすべて、感情のすべて、口にはだされなかった思考と感情のすべて、子どもの周囲にいる者たちの心のなかにあるものが、ともに作用します。「口にださなければ、なにを感じ、なにを考えてもかまわない」という言葉は通用しません。


上っ面だけではだめだということです。

シュタイナー教育を行う幼稚園や小学校で私が見た教師たちは、文字通り全身全霊で子どもを包みこんでいました。その姿からは、菩薩《ぼさつ》のような平穏と、鬼のように悲痛な覚悟の両方が伝わってきました。

スローライフとかエコとかマインドフルネスとか、そういう流行の文脈でシュタイナー教育をとらえ、「インスタ映え」とか「いいね！」を狙うような感覚でシュタイナー教育を選ぶのだとしたら、大まちがいです。それこそ自分の外側にある権威や価値に寄りかかる判断にほかならないからです。

かといって、「べき論」にとらわれたり、「シュタイナー原理主義」に陥《おちい》ってしまったりというのも違うでしょう。このことは、シュタイナー自身が初期の著書『自由の哲学』で次のように警告しています。

> われわれはみずからを理念に対置させなければならない。そうでないと自分を理念の奴隷にしてしまう。

「自由への教育」に縛られてしまっては、まことに本末転倒です。

「じゃあ、結局どうすればいいの？」。そんな声が聞こえてきそうです。

それを常に自分で考えつづけること自体が「自由」であり、それができるひとを育てるのが「自由への教育」だということが理解できれば、シュタイナー教育にちょっとだけ触れてみた価値が十分にあったといえるのではないでしょうか。

POINT

1 子どもの「身体」「心」「精神」の成長の周期を知り、その時期にふさわしい接し方を心がける。

2 「憂鬱質」「粘液質」「多血質」「胆汁質」の4種類の気質があることをふまえ、子どもの言動を理解する。

3 子どもの感覚を過度の刺激から守り、安心して自分らしく生きられる場所を与えることが、自立につながる。

さらに学びたい人へ

シュタイナー教育の基本要素

ルドルフ・シュタイナー著、西川隆範訳、イザラ書房

シュタイナーの講演録。シュタイナー自身のことばによる人智学およびシュタイナー教育のエッセンスを読みたいひとにおすすめ。

おうちでできる
シュタイナーの子育て

吉良創・有賀信一郎・入間カイ監修、クレヨンハウス

シュタイナー教育の基礎理論と、家庭でも導入できる具体的活動がコンパクトにまとめられている。写真やイラストが豊富で読みやすい。

PART 2

世界で認められている5つの教育法

第3章

レッジョ・エミリア教育

徹底した観察から独創的な教育が生まれる

レッジョ・エミリア教育の概要

創始者・おいたち	ローリス・マラグッツィ　Loris Malaguzzi　1920 ～ 1994 元小学校教師。教育思想家・理論家。イタリアファシズムやドイツナチスに最後まで抵抗したイタリア北部の小さな街「レッジョ・エミリア」で、第二次世界大戦直後、市民がみずからの幼児学校を設立した。それを手伝い、発展させたのがマラグッツィだった。
理念・スローガン	子どもは100の言葉をもっている。
特徴・キーワード	未就学児に特化した教育。ピアッツァ（広場）やアトリエ、キッチンなどを備えた心地よい空間で自由に「プロジェッタツィオーネ（探究活動）」をさせる。教師たちはその様子を「ドキュメンテーション（記録化）」し、「報告会議」で「ペタゴジスタ（教育の専門家）」と「アトリエリスタ（芸術の専門家）」や保護者の意見を取り入れて、「プロジェッタツィオーネ」を発展させる。

「レッジョ・エミリア教育」ってどんな教育法？

レジスタンスの街で生まれた教育

「どうしたら、こんな豊かな表現ができるようになるのだろう」

いまから30年ほど前、「子どもたちの１００の言葉」展と題された展示会場には、ピカソや岡本太郎もびっくりの、型破りなアート作品の数々が並びました。すべて、レッジョ・エミリアというイタリア北部にある小さな街の幼稚園児が創作したものでした。

その自由奔放《ほんぽう》な表現が、世界中の人々に衝撃を与え、レッジョ・エミリアが街をあげてとりくんできた幼児教育に対する考え方が、「レッジョ・エミリア教育」あるいは「レッジョ・アプローチ」として、いちやく世界の注目の的となりました。

レッジョ・エミリアは、イタリアのなかでもちょっと特異な街でした。歴史的な経緯から、社会主義的な思想が強く根づいており、イタリアのファシズムやナチスドイツに対し、最後まで抵抗をつづけたレジスタンスの拠点だったのです。

戦後、壊滅状態にあったがれきの街で、レッジョ・エミリア教育は産声《うぶごえ》をあげました。人々は、ナチスが残していった戦車やトラックをスクラップにして現金化し、それを元手に、自分たちの幼児学校をつくることにしました。大戦中にファシズムに屈したローマカトリック系の幼稚園に、自分の子どもたちを預けたくなかったからです。

自分たちでレンガを焼き、自分たちでそれを積んで、自分たちの力だけで幼児学校をつくろうとしているひとたちがいるという噂を聞きつけて、自転車で現場に向かったのが、イタリア共産党員であり小学校教師のローリス・マラグッツィでした。

「なんだ、お前、教師なのか。ちょうどいい。ここで教えてくれ」というやりとりがあったかどうかはわかりませんが、マラグッツィは彼らに協力することを決めます。

こうしてつくられたのが、自主管理の幼児教育学校「アジーロ・デル・ポポロ」です。ファシズムや軍国主義に対してなすすべがなかった戦前の教育に対するアンチテーゼ的性格が強かったに違いありません。そこに理論と実践を与えたのがマラグッツィでした。

マラグッツィのつくった「100の言葉」という詩を紹介しましょう（次ページ）。

この詩は現在さまざまに拡大解釈されていますが、これを子どもたちの創造力や表現力に対する純粋な賛美の詩であるとするのには、個人的には首をかしげます。私がこの詩から受けとるイメージは、むしろ大人たちの愚かさへの強い憤りです。

「冗談じゃない。百のものはここにある。」

子どもは
百のものでつくられている。
子どもは
百の言葉を
百の手を
百の思いを
百の考え方を
百の遊び方や話し方をもっている。
百、何もかもが百。
聞き方も
驚き方も愛し方も
理解し歌うときの
歓びも百。
発見すべき世界も百。
夢見る世界も百。
子どもは
百の言葉をもっている。
（ほかにもいろいろ百、百、百）
けれども、その九十九は奪われる。
学校も文化も
頭と身体を分け
こう教える。
手を使わないで考えなさい。
頭を使わないでやりなさい。
話しをしないで聴きなさい。
楽しまないで理解しなさい。
愛したり驚いたりするのは
イースターとクリスマスのときだけにしなさい。
こうも教える。
すでにある世界を発見しなさい。
そうして百の世界から
九十九を奪ってしまう。
こうも教える。
遊びと仕事
現実とファンタジー
科学と発明
空と大地
理性と夢
これらはみんな
ともにあることは
できないんだよと。

つまり、こう考える。
百のものはないと
子どもは答える。
冗談じゃない。百のものはここにある。

ローリス・マラグッツィ（訳：佐藤学）

レッジョ・エミリア教育が生まれた歴史的背景を踏まえてさらに深読みすれば、詩のなかでも、「(100から)99を奪っている」という部分にこそ、マラグッツィの意図を私は感じます。

残りは「1」です。これは、かつて教育がファシズムに利用されたことに対する猛烈な批判ではないでしょうか。レッジョ・エミリア市民の反骨精神と無関係ではないように思えてなりません。

世界的に右傾化する21世紀の民主主義社会において、「教育の果たすべき役割をもう一度考え直せ」と、マラグッツィはこの詩を通じて私たちに訴えかけているように私には感じられます。

「芸術による英才教育」という誤解

当初、マラグッツィはいくつもの職場をかけもちしていました。学校で困難を抱える子どものための精神衛生センターに勤務したり、父親が経営する小さな学校を手伝ったりしていたようです。それだけでなく、1946年からは、国立研究センターで心理学学士を取得したり、ジュネーブのルソー研究所やピアジェ研究所で学んだりしました。

マラグッツィにはこれという著書がありません。実際彼自身、「教育現象のすべてを総括《そうかつ》するような統一的な教育理論」は存在しないと述べています。

彼はさまざまな理論や思想をみずからの教育実践にとりこみました。ジャン・ピアジェ、レフ・ヴィゴツキー、マリア・モンテッソーリ、ジョン・デューイ、セレスタン・フレネ、ブルーノ・チアーリ、ジャンニ・ロダーニ、パウロ・フレイレ、ジェローム・ブルーナーなど。いわば教育新潮流の「おいしいとこどり」をやってのけたのです。

1960年代になって、レッジョ・エミリア市は、マラグッツィの協力のもと、市として3〜6歳を対象にした「幼児学校」の運営を開始しました。いわゆる公立幼稚園です。アジーロ・デル・ポポロもそのシステムの一部に組みこまれました。1971年には0〜3歳を対象にした公立の「乳児保育所」が始まりました。

レッジョ・エミリアの名を世界に知らしめるきっかけになったのが、1988年から世界各地で催された「子どもたちの100の言葉」展だといっていいでしょう。1991年には「ニューズウィーク」誌で、世界のもっとも先進的な幼児学校の1つとしてレッジョ・エミリアにある幼児学校が紹介されました。世界的な注目の受け皿として、また「すべての子どもの権利と可能性を守り育成する」ことを目的として、1994年には半官半民の「レッジョ・チルドレン」が組織されました。

おそらく展覧会で披露された、自由奔放な子どもたちの作品のインパクトが大きかったのでしょう。「レッジョ・エミリア＝芸術による英才教育」と思われ、そのイメージが世界にも流布していますが、その解釈は一面的に過ぎます。

「ドキュメンテーション」と「プロジェッタツィオーネ」

マラグッツィが独自の幼児教育学校を発展させた手法として忘れてはならないのが**「ドキュメンテーション」**です。ごく簡単にいうと、教育の日常におけるさまざまなことを文字や写真や映像で記録していくことです。

前提として、レッジョ・エミリア教育には規定のカリキュラムがありません。時間割もありません。その代わりにあるのが**「プロジェッタツィオーネ」**という概念です。私たちになじみのある言葉でいえば「プロジェクト」ですが、ちょっとニュアンスが違います。全体が計画されたものではなく、「子どもの興味・関心から始まる探究活動」というような意味合いです。

「プロジェッタツィオーネ」を実践するためには、子どもたちが時折みせる興味・関心の萌芽《ほう》《が》を見逃してはいけません。普通だったら瞬間的な輝きとして通り過ぎてしまうような気づきや感動を、教師がしっかりとキャッチして、さらに引きだしてあげなければいけません。
その機会に気づき、教師同士や保護者とのあいだで共有し、それを最大限に活用するための仮説をみんなで立て実行し、仮説が正しかったかをみんなで検証し調整する。そのために「ドキュメンテーション」が必要なのです。

実際、レッジョ・エミリアの幼児学校では、「ドキュメンテーション」をもとにした**「報告会議」**が頻繁に実施されます。いわば徹底した「現場主義」です。

レッジョ・エミリア教育というと芸術教育のように思われがちですし、実際、マラグッツィは教育と芸術を結びつける意識をもっていたことはまちがいありませんが、レッジョ・エミリア教育の本質は、むしろ「プロジェッタツィオーネ」と「ドキュメンテーション」にあるといえます。

要するに、決められたメソッドはありません。教師たちによる鋭い洞察と、情報共有による多角的な分析と、自由な発想による挑戦と調整のくり返しのしくみこそが、レッジョ・エミリア教育の真髄《しんずい》なのです。これを専門用語では「エマージェント（創発的）・カリキュラム」といいます。

「ペタゴジスタ」と「アトリエリスタ」

教育者が、あらかじめ完成された教育法をだれかから教えてもらうスタイルでは、構造的な意味で、教育者自身が受け身の存在になってしまいます。しかし、レッジョ・エミリア教育においては大きなポリシーのみが示されているだけで、教育実践の細かな方法については教師自身がそれぞれの現場で生みだしていかなければなりません。

その姿勢こそが、正解のない世の中で、自発的に課題を発見し改善・解決していくロールモデルになります。幼児が、意味はわからないにしても、物心ついたときからそのような大人の姿をあたりまえのこととして目のあたりにする教育効果は計り知れないと私は思います。

逆にいえば、教師の力量によるところがものすごく大きい。教師には幼児教育のエキスパートであることが求められます。毎日の観察のなかから、明日の教育を発想しなければいけないのですから、ルーティンワークはありえません。

そんな教師たちをサポートするのが**「ペタゴジスタ」**と**「アトリエリスタ」**という存在です。

「ペタゴジスタ」とは大学で教育学を専攻した教育の専門家のこと。「アトリエリスタ」とは大学で芸術学部を卒業した芸術の専門家のこと。レッジョ・エミリアの幼児学校には必ず両方がいます。

彼らが「報告会議」にも参加することで、《ドキュメンテーション⟷プロジェッタツィオーネ》のサイクルに専門的な視点をとりいれるとともに、その他の教師の研鑽《けんさん》にもつなげるのです。

さらに保護者が教師たちを全面的にサポートします。ボランティア的に協力するだけでなく、父母会と称して頻繁に集まり、ドキュメンテーションを共有し、ときに教師と対等に今後の教育について語り合います。議論のあとはワインがふるまわれ、深夜まで談笑するというのはイタリアらしい文化でしょうか。

教育現場レポート

ベテラン教師が集うインターナショナルスクール

東京都品川区に池田山と呼ばれる高級住宅地があります。その一角に「東京チルドレンズガーデン」はあります。２〜６歳を対象にレッジョ・エミリア教育を実践するインターナショナルスクールです。

３００平米もの広さがあります。広いテラスもあります。定員は18人。子ども１人あたり約17平米もの保育スペースです。しかも先生は６人体制。子ども３人に対して先生１人の割合です。

現在多数の国籍の子どもたちが通っています。国籍の多様性が、教育環境の豊かさにもなっています。英語でのコミュニケーションを基本としたインターナショナルスクールではありますが、日本語を母語にする子どもに英語を強要するようなことはありません。

「日本語でのコミュニケーションを認めたほうが、イングリッシュ・オンリーにしてしまうよりも英語が身につきやすい」というのは理事長の伊原尚郎さん。

先生の多くは外国人ですが、みな日本語を理解しています。イギリスの幼稚園勤務を経て日本の名門インターナショナルスクールで副園長をしていた先生、在日本アメリカ大使館職員用の保育園で園長をしていた先生、発達障がいをもつ子どもを対象としたセラピストだった先生など、個性的で経験豊富な先生たちが、それぞれの経験を活かしながらレッジョ・エミリア教育を実践しています。

さりげない適度な介入を積極的に行う

朝8時30分になると子どもたちが保護者に連れられて登園します。早速玄関を舞台に、子どもが先生にたくさんのお話を始めます。早く靴を脱ぐようにせかしたりはしません。子どものペースを尊重します。そのあいだに、別の先生が保護者と立ち話をしています。一般的な幼稚園にありがちな朝の慌ただしさがありません。

「朝の会」みたいなものはなく、子どもたちはおのおのに「ピアッツァ（広いプレイルーム）」で遊び始めます。3歳から6歳の子どもたちがいっしょに遊びます。そこで先生たちがさりげなく、子どもたちが自然に3～4人のグループで遊ぶような雰囲気をつくります。

これもレッジョ・エミリア教育の特徴です。年齢の近い小人数グループで活動させるほうが、子ども同士の意思疎通がしやすく、新しい挑戦や学びに結びつきやすいというのがマラグッツィの考えです。

9時くらいには、積み木とミニカーで遊ぶ男の子4人のグループができていました。先生たちはその様子を見守りながらタイミングを計って、キッチンペーパーの芯や磁石をもってきて子どもたちに与えます。

キッチンペーパーの芯はミニカーのトンネルになります。ある先生は磁石でミニカーを動かしました。子どもたちもそれをみて、磁石でミニカーを動かして遊び始めます。すると、ほうっておかれたトイレットペーパーの芯を使って、別の先生がラッパのような音をだします。すると子どもたちもそのまねをします。

先生が子どもたちに「次はこれをしましょう」「あれをやりなさい」と指示することはありません。しかし、子どもたちの興味・関心そして集中力をみながらうまく刺激を与えることで、子どもたちの新たな興味・関心を引きだしたり、集中力を持続させたりするのです。

子どもたちの自発性が活動のベースではありますが、完全に子どもたちの自発性だけにまかせるわけでなく、さりげない適度な介入を積極的に行うのがレッジョ・エミリア教育なのです。

そして介入のさじ加減こそがこの教育法のミソ。どこでどんな介入をすべきか、先生たちは頻繁に意見を交換して、チームとして作戦を立て、実行します。

「巫女さん」や「映画づくり」のプロジェッタツィオーネ

9時15分。アトリエでは、たくさんの写真を貼りつけた大きな模造紙に、女の子3人が絵の具で自由に絵を描いています。日本人の若い女性の先生が、彼女たちをサポートします。どうやら「巫女《みこ》さん」についての「プロジェッタツィオーネ」をしているようです。もちろん子どもたちには「プロジェッタツィオーネ」という意識はありませんが。

何をしていたのか、あとで先生が教えてくれました。

「彼女たちはみんな3歳で、それぞれ七五三をやったばかりです。そのときにみた巫女さんに憧れている子がいたので、巫女さんについて調べてみようということになりました。それで先週、3人で近くの神社にいって、巫女さんのお話を聞いてきたんです」

「プロジェッタツィオーネ」は園の室内での活動にはかぎりません。ほかのお友だちが園で遊んでいる時間に、近くにある神社まで散歩して、そこで巫女さんから直接お話を聞いたり、いっしょに写真を撮らせてもらったりしたようです。それを1枚の大きな模造紙にまとめているのです。

神社まで歩くときの「お約束」は自分たちで考えて決めました。模造紙に絵の具で絵を描こうといいだしたのも子どもたちです。

壁に備えつけられた棚には、磁石でくっつくプラスチック製のパズルのようなおもちゃでつくったロケットが並んでいました。これは、さきほどミニカーで遊んでいた男の子たちがとりくんだ「プロジェッタツィオーネ」の成果だそうです。

イギリス人のベテランの男性の先生が教えてくれました。

「彼らはこのブロックを使ってロケットをつくり始めました。最初はピラミッド形の単純な形状でしたが、そのうち翼をつけたり、物を運ぶスペースをつくったりするようになり、形状が複雑化していきました」

先生は彼らの発想の進歩を大きな模造紙に描いて整理してあげました。すると子どもたちは、毒ガスにおかされた惑星から宇宙船で脱出するというストーリーを考え出し、そのミッションを遂行するための宇宙船を設計し始めました。そしてそのストーリーを映画にすることを決めました。

撮影場所は近くの公園。滑り台を発射台にみたてました。

子どもたちの発話まで事細かくドキュメンテーション

子どもたちは先生のことをファーストネームで呼びます。子どもと先生が完全にフランクな関係です。先生たちは子どもたちのとめどない話をひとつひとつちゃんと受け止め、「おもしろいね！」「すごい！」と承認します。

一方で、先生たちは子どもたちを大げさにほめたりはしません。特に「うまくできたね」というように結果をむやみにほめるようなことはありません。結果をほめると、失敗を恐れるようになるマイナス面があるからです。その代わりにプロセスやチャレンジをはげまします。

子どもたちが遊んでいたおもちゃをそのままにしてほかの遊びを始めても、いちいちお片づけはさせません。しばらくしてまたもとの遊びに戻ってくることも、子どもたちにはよくあるからです。まるで回遊魚《かいゆうぎょ》のように、子どもたちは「ピアッツァ（広場）」と呼ばれる広い部屋のなかをいっぱいに使って遊んでいるのです。

先生たちは、その様子を写真に撮ったりメモに残したりして記録に残します。ドキュメンテーションはレッジョ・エミリア教育に欠かせない要素です。

イギリス出身の若い女性の先生にノートをみせてもらいました。たとえば、ある日、男の子グループ内にいざこざがあって、数日間をかけて彼らがどのようにおたがいの葛藤をのりこえてふたたび仲良く遊べるようになったのかが、詳細に書きとめられていました。だれがいつどんな発話をしたのかまでこと細かに記録に書きおこし、それをみながら、子どもたちのあいだで何が起きているのかを分析し、仮説を立て、今後の方針を考えます。が、「仮説がまちがっていることもあります」と、先生は笑います。そんなときにはベテランの先生にも相談して新しい仮説を立てて、新たな方針を決めます。そのくり返しです。

ドキュメンテーションは、保護者との情報共有にも使います。センシティブな問題もふくみますから、メモをそのまますべてみせるわけにはいきませんが、要点をまとめて、保護者にも公表します。

今回の男の子グループ内での事例は、保護者にとってもいい教材となるはずです。トラブルが起こっても、大人がすぐに介入してしまうのではなく時間をかけて見守れば、子どもたちは自分たちで解決策をみいだし、むしろ絆を深めることができるということを具体的に知ることができます。

ドキュメンテーションを通して、先生たちへの信頼、そして子どもたちへの信頼が深まります。東京チルドレンズガーデンでは毎日、1日の様子を保護者用ホームページで写真つきで報告しています。

重視するのはソーシャル・エモーション

金曜日だけは特別に、9時30分から30分間、「ジム」と呼ばれる部屋で、「演劇」または「ダンス」の授業を行います。取材をしたのも金曜日。ポーランド人のバレエの先生を招いて、ダンスのレッスンが行われていました。ダンスといっても、クリスマスソングに合わせてスキップしたり、ストレッチしたり、楽しく身体を動かす運動です。型にはまった踊りを教えこむようなものではありません。

10時からは「おやつ」の時間。無農薬栽培のフルーツを食べました。

10時20分から「サークルタイム」。みんなで集まって、先生の話を聞いたり議論したりする時間です。

この日は、おもちゃのとり合いをどうやったら解決できるかを話し合いました。初めに先生たちが寸劇をします。小さな子どもでも、何について話をしているのか、わかりやすい。そのうえで、子どもたちに意見をだしてもらいます。

「いっしょに遊べばいい」「言葉で伝えたほうがいい」などの意見がでます。みんなの前にでて、ジェスチャーで示す子どももいます。

それぞれの子どもたちが自分の興味に応じて自由にふるまうのがレッジョ・エミリア教育です。その分、お友だち同士のトラブルや葛藤が生じることもある。そこでおたがいが心地よく過ごせるようにするための対人能力を、東京チルドレンズガーデンの先生たちは「ソーシャル・エモーション」と呼んでよく話題にしています。社会の一員として生きていくために必須の能力です。

また、ソーシャル・エモーションは、民主主義社会の市民としての使命を果たすうえでも重要です。個人が、自分の利益を追求するだけではなく、社会全体の利益を考えることができるようにならなければ、民主主義社会は成り立たないからです。

その価値を重んじることも、ファシズムに最後まで抵抗した人々の街で生まれたレッジョ・エミリア教育の特徴といっていいでしょう。

めったなことでは制止せず「見守る」

10時45分からは「お散歩」の時間。この日は園から徒歩約10分の、小さな公園にでかけました。

普通の幼稚園や保育園のお散歩なら、「そこは危ないから登らないで」とか「入っちゃだめ」といわれるようなところへも、東京チルドレンズガーデンの子どもたちはいってしまいます。先生たちも止めません。子どもの数に対する先生の数が多いので、子どもひとりひとりに目がいき届いており、いざというときにはすぐに手を差し伸べることができる距離にいるからです。

11時30分には園に戻り、ランチタイムです。ランチは給食。無農薬素材のみを使用し、化学調味料を使用しないでつくられた料理を業者からとり寄せています。大きなタッパーに入った料理を、先生が子どもたちのお皿にとり分けます。

12時30分から14時までは「お昼寝」の時間。「ジム」にマットレスを敷いて、部屋を暗くして寝ます。本場レッジョ・エミリアの幼児学校でも、お昼寝の時間があります。眠りたくない子は、ピアッツァで静かに遊んですごします。

お昼寝が終わったらふたたび「サークルタイム」。長髪のイギリス人のベテランの男性の先生がギターを奏でて、みんなで歌を歌いました。日本人の若い女性の先生は、日本語の絵本を読み聞かせました。

それが終わると帰りのおしたく。14時30分には保護者がお迎えに来ます。

DATA

東京チルドレンズガーデン

所在地▼東京都品川区東五反田
運営者▼東京チルドレンズガーデン
創　立▼2017年
ジャンル▼認可外幼児教育施設（インターナショナルスクール）
対　象▼2～6歳（月～金）

1日の流れ

8:30～9:00	登園
9:30～10:45	自由遊び
10:45～11:45	お散歩
11:45～12:30	給食
12:30～14:00	お昼寝
14:00～14:15	自由遊び
14:15～14:30	お話
14:30	降園

先生インタビュー

――理事長の伊原尚郎さんに聞きました。ニューヨーク州立大学でメディアアートを学び、その後20年以上アメリカでビデオアーチストとして活躍してきた人物です。「理事長」といっても、伊原さんも毎日現場で子どもたちに接しています。子どもたちからはファーストネームで呼ばれています。

おおた　広々とした感じのいい空間ですね。

伊原　ワンフロアがフラットなつくりになっていて、仕切りがありません。エリアごとにテーマがあり、子どもたちがキッチンに入ることもできます。自分の心地よい場所で好きなようにすごすことができるようになっています。これはレッジョ・エミリア教育に共通する環境設定です。ときどきテレビなどで紹介されるグーグルやフェイスブックのオフィスの雰囲気にも似ていると思います。

おおた　壁や棚にある子どもたちの作品が個性を主張していますが、子どもたちに負けず、先生たちも個性的ですね。

伊原　それぞれの先生にそれぞれの良さがあって、それを活かした関わりをしてもらいたいと思っています。

おおた　先生たちは自分の特性を活かしながら、それぞれの子どもとの距離感において、絶妙な関わり方をしていました。それが子どもたちの興味や関心を引きだしているのがわかりました。ただし、先生のレベルが高くないと、レッジョ・エミリア教育はできないとも感じます。

伊原　レッジョ・エミリア教育にはレッスンプランや年間予定がないから、先生たちは常に自分で考えなければいけません。経験豊富なベテランの先生でも、最初は戸惑ったといいます。

おおた　先生同士のチームワークも見事でした。全員の子どもが常にだれかにみていてもらえるように、子どもたちの活動に応じて先生たちのフォーメーションも随時変化させているようにみえました。

伊原　先生同士のソーシャル・エモーションが成熟していないと、レッジョ・エミリア教育はできないと思います。しかも、幼児教育で大事なのは、先生のスキルそのものよりも、先生が一生懸命なことだと思っています。そのためには先生に余裕がなければいけないし、職場が楽しくなければいけません。

おおた　どなたが「ペタゴジスタ」で、どなたが「アトリエリスタ」ですか。
伊原　「ペタゴジスタ」はアンです。「アトリエリスタ」は私です。
おおた　入園のための条件はありますか。
伊原　保護者との面接があります。
おおた　子どもについては評価しないということですね。
伊原　子どもはどんな子どもでも大丈夫です。でも保護者がうちの教育を理解していないと、いい教育はできませんから、保護者の意識を重視します。
おおた　3〜6歳混合の部屋のほかに、2歳児の部屋もありました。
伊原　もともとは3歳以降を対象にしていたのですが、ソーシャル・エモーションを育てるためにはもっと小さなうちから関わるほうがやりやすいと考え、対象年齢を下げました。本当はもっと低年齢から関われたらベターだと思います。
おおた　2歳からソーシャル・エモーション。
伊原　2歳児でも話せばわかるんです。自分で話すことはできなくても、受けとる能力はあるんですね。それに、3歳までに、絵の具で好きなように絵を描いてみたり、枯れ葉が粉々になるまで遊んでみたり、ねんどをぐちゃぐちゃにしてみたりという体験を、思う存分飽きるまでやっておくと、3歳以降、絵の具やねんどを与えても、ぐちゃぐちゃにしたりはしないでちゃんと使います。一般的な幼稚園で、子どもたちを自由にさせるとめちゃくちゃなことが起こってしまうのは、小さな時期に、そういう遊びをたくさんしてこなかったからだと思います。思う存分遊びきればいいんです。満足すればやらなくなります。

おおた 小さいころに子どもの欲することを思う存分やらせてあげることができれば、そのあとの教育が入っていきやすくなるということですね。

伊原 幼児期には幼児期にしかできないことを楽しくやるというのが原則だと思います。

おおた ここでは文字の読み書きや計算を教えたりはしませんね。

伊原 はい。ドリル的なことはしません。小学校に入って1年もすれば結局みんなができるようになることを焦って幼児のうちにひとより早くできるようにしたところで意味がありません。読み書きや計算ができることよりも、私たちは「6つのC」を育てることに意識を向けています。

おおた 6つの「C」。

伊原 「Collaboration（協働）」、「Communication（意思疎通）」、「Content（意味内容）」、「Critical Thinking（論理的思考）」、「Creative Innovation（創造力）」、「Confidence（自信）」です。キャシー・ハーシュ＝パセックというアメリカの心理学者らが書いた『科学が教える、子育て成功への道』という本にでてきます。

おおた　これからの時代を生きていく子どもを育てるためには、この6つの「C」が大切だという主旨ですね。

伊原　6つの「C」にはそれぞれ4段階のレベルがあって、まずはレベル1のなかで「Collaboration（協働）」の次は「Communication（意思疎通）」といった具合に「Confidence（自信）」まで順に成長していき、スパイラル方式でレベルを上げていきます。ただし、最初の2つの「Collaboration（協働）」と「Communication（意思疎通）」が育つ教育環境さえ用意しておけば、3つめの「Content（意味内容）」以降の「C」は自然についてきます。

おおた　まずは「Collaboration（協働）」と「Communication（意思疎通）」の2つが育つ環境を整えてあげればいい。

伊原　それを目的にしたときに「レッジョ・エミリアの教育手法はとても参考になる」と、その本には書かれています。

子育てに役立つヒント

「正しさ」の枠組みを与えず、そのまま伸ばす

「子どもたちの100の言葉」展で、レッジョ・エミリアの子どもたちの作品が大人の心に感動を呼びおこしたのは、彼らの作品が大人のまねではなかったからではないでしょうか。大人が決める「正しさ」の範疇《はんちゅう》の外で、自由気ままに創造力を働かせた結果だからだと私は思います。

大人が「正しいやり方」を示してしまうと、子どもはそれをまねしようとします。大人とおなじようにはできないので、どうしても下手なまねになってしまいます。正しさを目的にしてしまうので、せっかくの独創性もそぎ落とされてしまいます。

逆にいえば、大人が「正しさ」を脇に置き、ありのままの子どもをよく観察して、その個性をそのまま伸ばせる環境を整備してあげられれば、国境や文化に関係なくグローバルに大人を感動させるほどの能力を、子どもは発揮することができるのです。それだけの力が、も

ともと子どもには備わっているということです。そのことをレッジョ・エミリアの子どもたちは証明しました。

芸術活動だけでなく、知的探究やソーシャル・エモーションについても、同様のことがいえるはずです。

私たちがレッジョ・エミリア教育から学ぶべき重要なポイントは、そのあたりにあるのではないでしょうか。

POINT

1 子どもをよく観察して記録を残し、知的好奇心の萌芽を見逃さず、さらに引き出せるように心がける。

2 大人自身が、自発的に課題を発見し、改善・解決していく姿勢を見せ、子どものロールモデルとなる。

3 幼児期には、読み書きや計算の能力よりも、「ソーシャル・エモーション」を高める教育が必要。

さらに学びたい人へ

子どもたちの100の言葉

レッジョ・チルドレン著、ワタリウム美術館編集、日東書院本社

1988年から世界数十カ国で開催されたレッジョ・エミリアの幼児教育「子どもたちの100の言葉」展のカタログ。同タイトルのDVDもあり。

第4章

ドルトンプラン教育

ゴール達成のため「自由」と「協同」を利用する

ドルトンプラン教育の概要

創始者・おいたち	ヘレン・パーカースト　Helen Parkhurst　1887 〜 1973 小学校を皮切りに教師としてのキャリアを積み、モンテッソーリにも師事し、学校授業の効率化案を発想。それをマサチューセッツ州の小都市ドルトンの中等教育学校で実行したことから「ドルトン実験校プラン」と呼ばれるようになった。1919年にニューヨークに創設された学校は「ドルトン・スクール」の名称で全米屈指の進学校として知られている。
理念・スローガン	学校の真の使命は生徒を鋳型にはめることではなく、自分の考えをもてるよう自由な環境を整えてやり、学習するうえで生じる問題に立ち向かう力をつけてやることである。
特徴・キーワード	「自由」と「協同」が２大原理。「ハウス」「アサインメント」「ラボラトリー」が教育実践の３つの柱。ハウスとはホームルームのこと。アサインメントは、どの課題をいつまでにやり遂げるかという生徒と教師の契約。ラボラトリーとは教科専門の教室のこと。時間割によって学習する教科を決められてしまうのではなく、生徒が自分で自由に計画を立て、その計画通りにラボラトリーに出入りして、アサインメントを終わらせる。協同で課題に取り組むことも推奨される。

「ドルトンプラン教育」ってどんな教育法？

時間割を廃止して教室を「実験室」に

おなじクラスの40人が一斉におなじ時間ずつ各教科を勉強しても、テストの結果には差がついてしまいます。ひとの得意不得意はそれぞれ違うのですから当然です。

しかし、教科ごとの時間割を廃してしまい、各教科の到達目標をあらかじめ決めておきさえすれば、得意な教科はすぐに終わらせて、あまった時間を不得意な教科に割りあてることができます。たとえば数学の得意な生徒が、ほかの生徒の理解が追いつくまで数学の授業中に退屈をしていなくていいわけです。逆に数学の授業中だけでは理解が追いつかない生徒が、得意の国語の時間をけずって数学の問題を解くことに時間を割りふることができるわけです。バランスよく学業を修めるという目的に対して、非常に合理的です。

そんな方法を考えたのがアメリカ人のヘレン・パーカーストでした。

パーカーストがはじめて赴任したのは、生徒が8学年で40人しかいない田舎の学校でした。1学年に対して授業をしているあいだ、別の学年には自分でできる「仕事」を与え、年長者に年少者を手助けしてもらうようにしていました。状況的な必然で、異学年混合学級による自立学習を実施せざるを得なかったわけです。その後彼女は小学校、高校、師範学校の教師としてキャリアを積みます。

1908年パーカーストはエドガー・ジェームス・スウィフトの『精神の発達過程』という著書に触れ、「教育的実験室」という概念を思いつきます。1913年、あたためていたプランをいよいよ実行に移します。

彼女は自分のプランに「ラボラトリープラン（実験室案）」と名づけました。目的は、学校生活を全面的に改革することでした。いわば「学校改革」がドルトンプランの生い立ちなのです。

まず時間割を廃止しました。教室を、教科専門教員がいる「実験室」として改造し、生徒に「実験室」を選ぶ自由を与えました。生徒の能力には個人差があることを認めて、個別に進級する機会を与えるようにしました。

改革と並行して、パーカーストはイタリアにわたり、モンテッソーリ教育を学びました。1915年にマリア・モンテッソーリが渡米した際には、助手を務め、その後アメリカにおけるモンテッソーリ教育普及活動にも大きく貢献しましたが、1918年、みずからの「実験室案」に集中することを決めます。

大正時代の日本でドルトンブーム

1919年にはニューヨークで「チルドレンズ・ユニバーシティ・スクール（児童大学校）」を設立します。名前の由来は、子どもたちが自由に「実験室」を移動しながら自発的に学ぶ様子がまるで大学のようだったからです。

さらに1920年にはマサチューセッツ州ドルトンの中等学校でも「実験室案」を実行します。このころから、「ドルトン・ラボラトリー・プラン（ドルトン実験室案）」という名称を用いるようになります。本書では「ドルトンプラン教育」と称することとします。

パーカーストは著書『ドルトン・プランの教育』のなかで、「大まかにいえば、古いタイプの学校は文化を目標とし、新しい学校は経験を目標としている。ドルトン実験室プランはこれら2つの目標を調和的に達成させようとする方法である」と述べています。

同時期におきた新教育運動の多くが、伝統的教育法を根本から否定するものであったのに対し、ドルトンプラン教育は「中庸《ちゅうよう》の精神」をもっていたことが大きな特徴です。

ニューヨークの学校はその後、拡大・移転します。現在では幼稚園から高校までの一貫教育を行う名門私立「ドルトン・スクール」として全米に名が知られています。アメリカの名門大学にも毎年多数の合格者をだしており、ニューヨークの超進学校の代名詞的存在です。ドルトンプラン教育は現在、オランダ、オーストラリア、イギリス、韓国などの学校でも採用されています。

実は日本でも大正時代に「ドルトンプラン・ブーム」がありました。日本の欧米教育視察団が1922年にパーカーストの学校を訪れ、それを日本に紹介したのです。視察団のなかには、当時「成城小学校」（現在の成城学園初等学校）を創設したばかりの澤柳政太郎もおり、成城小学校においてもドルトンプラン教育は積極的にとりいれられました。しかし批判も多く、日本におけるドルトンプラン教育は一時的なブームで終わりました。

ときを経て、1976年、予備校として有名な河合塾が、ニューヨークのドルトン・スクールと提携し、ドルトンプランにもとづいた幼児教育施設をつくりました。現在の「河合塾学園ドルトンスクール東京校・名古屋校」です。さらに、2019年には河合塾の後ろ盾で、東京都調布市に私立中高一貫校「ドルトン東京学園」が開校。ドルトンプラン教育を実践する日本初の中高一貫校ということで話題となっています。逆にいうと、日本での実践は現在それだけにかぎられます。

「自由」と「協同」の2大原理

ドルトンプラン教育は**「自由」と「協同」の原理**にもとづきます。日本での文献をみると、「協同」は「協働」とも「共働」とも表記されることがあるようですが、ここでは基本的に「協同」を用います。

パーカーストは著書で次のように述べています。

ドルトン実験室プランでは、学習問題を、その到達しなければならない標準を示して、子どもの前に明示するのである。それからあとは、子どもが適当と思う自分自身の方法で、自分自身の速度で、それをとりくませる。その結果に対して責任をもつということは、彼の潜んでいる知的能力を発揮させるだけでなく、さらに彼の判断力、性格をも発達させるであろう。

こういう教育目標を達成できるようにするには——というのは生徒がみずからを教育するようにさせるには——われわれが彼に課する仕事全体を検討する機会を与えねばならない。競争に勝ちを占めるには、まずゴールをはっきりと知らねばならない。（中略）

ドルトン実験室プランは、生徒のなすべき種々のことに対して、それぞれ責任を負わせるのであるが、彼らは、それを遂行するもっともよい方法を本能的に探し出す。そしてその方法が決定すると実行にとりかかる。もしその方法が目的に適しないことがわかると、それを棄《す》ててまた他の方法を試みてみる。さらに自分とおなじことを研究している友人に相談することが有益であることを発見する。話し合いによって自分の考え方や学習方法を明瞭にする。このようにして目標に到達すると、その完成された仕事はすべて輝かしい成功になる。というのは彼がそれをしているあいだに考えたこと、感じたことがことごとく体験になる。これが真の体験というものである。これが個人的発達と集団的共働によって得られた教養というものである。それはもはや学校ではなく、生活である。

ドルトンプラン教育では、子どもの「ゴール」を教員が設定し、最初に示すのです。それが同時期に生まれたその他の進歩的教育とは大きく異なる点です。教材の良し悪しについてはあまり論じられることがなく、ほかの学校でもやっていることを効率よく達成させるために、「自由」と「協同」を利用するのです。

1924年に来日したパーカーストは「モンテッソーリ法では自由は目的である。ドルトン案では自由は手段である。与えられた人生の仕事を自由に遂行するように児童に習慣づけるのである」と述べています。

そしてまさにその点が、ドルトンプラン教育の弱点として、日本でも批判の的となりました。結局のところドルトンプラン教育とは、新しい教育理念ではなく、子どもたちに旧来とおなじ学習項目をうまくやらせる方便にすぎないととらえられたからです。当時の日本で新教育に対する期待が大きくふくらんでいたがゆえの批判であったと考えられます。また実際当時のドルトンプラン教育はまだ発展途上にあったのでしょう。

「ラボラトリー」で「アサインメント」にとりくむ

イギリスの教育者向けに「ドルトン実験室プラン」を説明したパーカースト自身の1922年の著書『ドルトン・プランの教育』の内容を要約すると次のようになります。

子どもたちにはあらかじめ自分たちがこなさなければいけないカリキュラムの全貌が開示されており、1カ月ごとに「請負仕事」が割りあてられます。生徒は「期日までにどの課題を終わらせる」という一文の書かれた「請負契約書」にサインします。教科別の請負仕事を**「アサインメント（割り当て）」**と呼びます。個人の能力を配慮し、アサインメントの質と量には松・竹・梅のようなランクを設けます。「ドルトン実験室プランの成敗はアサインメントのいかんによって定まるといってもあえて過言ではない」とパーカーストはいいます。

教室を教科別の**「ラボラトリー（実験室）」**とします。「科学室」「歴史室」のように。各実験室には各教科の専門の教員が常駐し、教材や資料もそろえます。協同学習ができるように、5〜6の机を向かい合わせて配置しておきます。教科ごとの時間割を廃止し、たとえば「午前中の3時間は実験室研究の時間」のように決めます。その時間、生徒たちは自由に実験室を行き来して、各自で自分の課題を進めます。おなじ課題を行う生徒がいれば協同で学習することも可能です。

どの教科にどれだけの時間をかけるのかを事前に教師と相談して決めます。得意なものは早く終えることができて、その分を不得意なことにとりくむ時間にあてるようにバランスをとります。得意なことをどんどん進めるのではなく、所与のカリキュラムをバランスよく効率よくこなしていくわけです。

実験室には各学年の「アサインメント」と個人ごとの**「進度表」**がはりだされており、それをみれば、だれがどこまで学習を進めているのかが一目瞭然です。

「実験室研究の時間」が終わったら、曜日ごとに決められた教科の実験室に学年ごとに集まり、その教科の教師に各自のアサインメントの進捗《しんちょく》状況を報告します。そのあと、その教科の一斉授業を受けます。これを**「カンファレンス（会議）」**といいます。

以上が原初のドルトンプランの教育だったと考えてよいはずです。

元来ドルトンプラン教育は、学校として、受験でできるだけ生徒たちそれぞれの希望進路を実現したいときなど、はっきりした「ゴール」があるときに非常に有効なシステムなのだろうと思います。集団での受験勉強の無駄が省けるわけですから。

実際、進歩的教育の先進国であるオランダでは、中等教育段階（日本における中学校・高校の段階）においては、ドルトンプラン教育を採用する学校が多いそうです。進学システムにとらわれない理念を掲げるその他の教育法よりも、進学という目的にフィットしやすいからです。

2大原理を支える3つの柱

現在のドルトンプラン教育では、「自由」と「協同」の2大原理に加え、**「ハウス」「アサインメント」「ラボラトリー」**を教育の3つの柱として掲げます。

「ハウス」とは、一般的な学校における「ホームルーム」にあたるもの。担任は**「ハウスアドバイザー」**と呼ばれます。

「アサインメント」は先述のように、生徒と教員の〝契約〟です。それぞれの年齢に応じた課題が与えられ、子どもたちは期限までに約束を守る責任を負います。いつ何の課題をこなすかは、基本的に本人の判断に委《ゆだ》ねられています。アサインメントをこなす過程で、時間の有効な使い方や計画性を身につけます。

「ラボラトリー」は、専門教科を学ぶ教室です。低学年ではハウスアドバイザーが学習の大半を担当しますが、学年が上がるに従って、専門の教員から教科指導を受ける時間が増えます。最終的には個人の興味に応じたテーマについて専門的に研究していく場所となります。

ただし幼児段階では「アサインメント」や「ラボラトリー」の要素はごくわずかで、「ハウス」での「遊び」が主な活動となります。子どもたちは「ハウス」のなかで遊びながら学び、ハウスアドバイザーは子どもたちに学びへの興味を抱かせるように関わります。

教育現場レポート

日本での実践は河合塾グループのみ

「ドルトンスクール東京校」を訪れました。学校教育法上は、東京都の認可を受けた「各種学校」です。

3〜5歳を対象にした全日制プログラム「ファーストプログラム」を中心に、1〜2歳児対象の「プレイグループ」、3〜5歳対象の「アフタースクール幼児」、小学生を対象にした「アフタースクール小学生」の4つのプログラムがあります。

開校当時からアドバイザーとして運営に関わり、約20年間にわたって校長も務め、現在スーパーバイザーの立場にあるマリヤン・B・プレキシコさんは、もともとニューヨークのドルトン・スクールのファーストプログラムの校長だった人物。1986年には日本で『ドルトンスクール方式　アメリカ英才幼児教育の秘密』を著しています。

本当は「ファーストプログラム」の1日に密着したかったのですが、運営の都合上難しく、1時間程度の見学しかできないとのこと。この系列以外にドルトンプラン教育を実践する幼児教育施設はありませんからその条件で取材をさせてもらうしかありませんでした。以下はそのごくかぎられた時間で私が目にしたこと、感じたことであることをご了承ください。

バリエーション豊富な教育活動

現在の校舎は2009年に新築されたもの。本場のドルトン・スクールを模したのでしょう。外壁は落ち着きのあるレンガ調になっています。人工芝の園庭のほか、普通の幼稚園ではちょっと考えられない贅沢な施設が整っています。科学のラボラトリー、算数のラボラトリー、社会科のラボラトリーなど、教科ごとに専用の部屋があります。本格的な美術室やコンピュータルームもあります。

ファーストプログラムは、3~5歳児を対象にした月~金の全日制のプログラム。3歳児クラスを「ナーサリー」、4歳児クラスを「プリキンダーガーテン」、5歳児クラスを「キンダーガーテン」と呼び、各学年3クラスずつあります。1クラス20人前後に担任が2人つきます。

まず基本的な1日の流れをおさえておきましょう。10時からは「モーニングミーティング」があります。1日の予定を話したり、子どもからの発表があったりします。12時からは給食です。14時30分から「シェアリングタイム」で1日のふり返りをして降園です。

午前中の2時間および午後の給食後の時間に、「プロジェクト」「ワークタイム」「シティ アズ ア クラスルーム」「ガーデンプレイ」「ラボ」「フリープレイ」「専科」などの活動を日替わりメニューのように行います。放課後、希望者は、「セレンディパティ プログラム」に参加することもできます。

「プロジェクト」とは、何らかのテーマについて通常1カ月くらいの期間をかけて体験的に学ぶ活動です。

「ワークタイム」は、ゲームや遊びを通した文字や数の練習です。さらに、ワークシートも使用するなどして、文字や数への興味や好奇心を芽生えさせる時間です。

「シティ アズ ア クラスルーム」は、園をでて、商店や消防署や博物館などを見学する活動です。

「ガーデンプレイ」は、園庭での外遊びです。

「ラボ」は、4~5人のグループにそれぞれ先生がつき、日本のドルトンスクールオリジナル教材を用いて考える楽しさを体験しながら思考力を高めていく活動です。ドルトンプラン教育の柱の1つである「ラボラトリー」にちなんでいるのでしょうが、ファーストプログラムの場合、ハウスで行われることが多いようです。

「フリープレイ」の時間には、積み木やブロック、ままごと、パズル、ゲームなどの遊具で遊ぶだけではなく、編みものや縫いもの、本の制作、工作などもします。

「専科」には、「音楽」「体操」「アート」「English」「サイエンス」「コンピュータ」があり、それぞれに専門の教員がいます。

「セレンディパティ プログラム」は、スポーツ、アート、サイエンス、料理などの自由選択制課外活動です。

幼児にも「アサインメント」がある

10時、「モーニングミーティング」が始まりました。キンダーガーテン(年長)のハウスでは、恐竜の絵を描いてもってきた子どもがみんなの前で発表しています。

ハウスに置かれている棚には、子どもたちの名前の書かれたファイルがおさめられています。一人ひとりのファイルに「アサインメント」が入っています。文字や数のプリントが月曜日にわたされ、金曜日までに子どもたちが自分のペースで仕上げます。

週2回の「ラボ」の時間では、担当の教員たちがクラスに子どもたちを迎えにきて、4〜5人ずつに分かれて思考課題をおこないます。

別のキンダーガーテン（年長）クラスでは、毎年恒例の「100の概念を学ぶ」という「プロジェクト」が進行中でした。100日をカウントしたり、100円で何が買えるのかを考えたり……。そしてこの日はなんと、実際に100円をもって、近くのスーパーにお買い物にいくところでした。子どもたちは自分でつくったフェルトの手提げ袋に100円玉をいれてでかけていきました。「シティ　アズ　ア　クラスルーム」です。

プリキンダーガーデン（年中）は「駅」というテーマで「プロジェクト」を進めており、代々木上原駅で見学したことをまとめたポスターや、子どもたちが自分でつくった券売機や、みんなで電車ごっこができる線路などが園内のさまざまなところにディスプレイされていました。

プリキンダーガーテン（年中）の部屋の壁にはA5サイズくらいの冊子が吊りさげられています。子どもたちが絵や文字で表現したものが少しずつ足されていき、1冊の本となります。キンダーガーテン（年長）になると自分についての本を作成します。子どもたちがそれぞれ自分について考えたり、調べたりして、絵や文字、数を使って表現していき、1冊の本になります。

ナーサリー（年少）のハウスは、「フリープレイ」の時間でした。ブロックや積み木、さまざまなごっこ遊びのセットのほか、消防士や警察官のユニフォームがあったり、お姫様になれる衣装があったりと、モノがふんだんにあります。

ハウスアドバイザーは、いっしょに遊ぶのではなく、見守り、アドバイスをする立場に徹していました。

各ハウスには、ダンボールで手づくりされたポストがあります。園のなかでお友だちにお手紙を送ることができるそうです。郵便係さんが毎日お手紙を回収し、配達するしくみができあがっているのです。そうやって社会のしくみも学んでいきます。

ほかの「進歩的教育」とは空気が違う

レポートは以上です。

校舎の設備はこれ以上ないほど充実しているし、「ハウス」に置かれたおもちゃはバリエーション豊富だし、一言でいうと「ものすごく贅沢」な幼稚園でした。一般的な幼稚園の先生たちがみたら、「あー、うらやましい！」としみじみいうことでしょう。

しかし正直にいうと、1時間くらいでざっとみるだけでは、「なるほど、これがドルトンプラン教育か」と思えるような印象的なシーンには出会えませんでした。

あくまでも幼児向けの「ファーストプログラム」なので、ドルトンプラン教育といっても普通の幼稚園とそれほど差がないのかもしれませんし、私のみえないところで、先生たちは子どもたちに、ドルトンプラン教育の理念にもとづいた関わり方をしていたのかもしれません。

しかしここで「あれ？」と首をかしげたくなるようなシーンがあったことも書いておかなければなりません。

子どもがみんなの前で発表しているときに、私がそっとハウスに入ったら、先生はせっかくの子どもの発表を遮って、「おはようございます！」と元気に私に挨拶するように子どもたちにうながしていました。発表中の子どもは、完全に話の腰を折られてしまいました。もちろん私がお邪魔したのが悪いのですが、子ども中心の対応にはみえませんでした。

また、子ども同士がおもちゃのとり合いを始めると、先生がすぐに介入しておもちゃをとり上げて、一方の子どもにわたしてしまうのを私は目撃しました。おもちゃをとり上げられた子どもはそのままぼーっとしていました。

そしておそらく「お受験組」でしょう。生気がまったく感じられず、遊ぶことすらしない子どもを複数人みかけ、心配になりました。ドルトンスクール東京校では「お受験」指導はしていませんが、土地柄でしょう。

ほんの1時間くらいの短いあいだしかみていません。これだけですべてを語ることは到底できません。しかしそれくらい短いあいだにも、「えっ？」と思うようなシーンにこれだけでくわしてしまったことも、私にとっては事実であり、それを書かないことは読者に対して不誠実だろうと思うので、書きました。

DATA

河合塾学園ドルトンスクール東京校

所在地▼東京都渋谷区上原
運営者▼学校法人河合塾学園
創立▼1976年
ジャンル▼各種学校
対象▼
ファーストプログラム……3～5歳
（月～金）
プレイグループ……1～2歳
（週1～2回）
アフタースクール幼児……3～5歳
（週1～2回）
アフタースクール小学生……小学生
（週1～2回）

1日の流れ（ファーストプログラム）

10:00～10:15	モーニングミーティング
10:15～11:00	プロジェクト／フリープレイ
11:00～12:00	ラボ／プロジェクト
12:30～13:00	ランチタイム
13:00～14:30	ガーデンプレイ
14:30	シェアリングタイム

子育てに役立つヒント

目標に向かって選択する「自由」を与える

家庭での子育てに応用できるとすれば、子ども自身に学習の見通しを立てさせることや、どの教科から手をつけるかを子ども自身に「自由」に決めさせることでしょう。それだけの「自由」でも、子どものモチベーションは変わります。また、ひとりでやる気がおきないときには親がいっしょに「協同」でとりくんであげること。それだけでモチベーションが維持しやすくなります。

ドルトンプラン教育のメリットをこのようにとらえることは、ドルトンプラン教育のことを表面的にしかみていないのかもしれませんが、関連書籍を読み、ドルトンスクール東京校を取材したかぎりでは、私にはそれ以上のことはみえませんでした。

POINT

1 はっきりした「ゴール」を提示することで、達成するための最適な方法を子ども自身が考えるようになる。

2 効果的な学習のためには、進み具合を比べたり、モチベーションを高めたりするための仲間がいるとよい。

3 他の進歩的教育法よりも進学という目的にフィットしやすい。

※ドルトンプラン教育について一般のひと向けに書かれた書籍で、現在書店などで手軽に入手できるものは、調べたかぎりではありませんでした。古い書籍に関しては、本書巻末の「参考図書」を参照してください。

第5章 サドベリー教育

「好きにしなさい」を徹底したら

サドベリー教育の概要

創始者・おいたち	ダニエル・グリーンバーグ　Daniel Greenberg　1934 ～ ニューヨークのコロンビア大学で理論物理学の博士号を取得。同大学で物理学や科学史を教えていたが、理想の教育を実現するため、1968 年にサドベリー・バレー・スクールを開く。
理念・スローガン	「この学校の目的は、学習が自己の動機、自己管理、自己批判によって最善のかたちでもたらされるとの原則に基づき、コミュニティとしての教育環境を創設、維持するものである」（サドベリー・バレーの規則より）
特徴・キーワード	子どもたちに一切の強制をしない。一日中遊んでいてもいい。子どもたちが「教えてほしい」と思ったときに「協定」を結ぶことで〈クラス〉が成立し授業が行われる。学校のルールの制定、予算管理、スタッフの採用・解雇など、学校運営のすべての決定に子どもたちが関わる。最高決定機関である「全校集会」で子どももスタッフも同等に１人１票の権利をもつ。「デモクラティック・スクール（民主主義の学校）」ともいわれる。

「サドベリー教育」って どんな教育法？

子どもに対する強制が一切ない

子育てや教育の「成功」って何でしょうか。いい大学に入ったとか、いい会社に就職したとか、そんなことではないことは、もうみんな知っています。

ビジネスで成功してお金もちになることでしょうか。政治的、科学的、芸術的な成果を成しとげてメディアから注目されることでしょうか。「すごいね」とみんなからほめられる名誉あるひとになることでしょうか。

他人との比較でしかない偏差値や、他人からの評価、他人との競争によって得られるお金のようなものは、すべて自分の外にあるモノサシに自分をあてはめて得られるものです。そのモノサシに、自分の人生を最適化することが、人生の成功なのでしょうか。

ファッションとおなじように、モノサシだって時代によって変化します。その変化するモノサシに対して常に自分を最適化しようとする人生は、自分の外にある価値観にふりまわされる人生です。それを「自分の人生」と呼ぶことができるでしょうか。そんな人生を、「幸せな人生」と呼ぶことができるでしょうか。

そんな問いを容赦なく投げかけてくるのが、サドベリー教育です。

１９６８年、マサチューセッツ州のフラミンガムに、「サドベリー・バレー・スクール」という学校ができました。４歳から19歳の子どもたちを受けいれる学校です。いまでは、究極的に「自由」な学校として知られています。

南北戦争の終わりに建てられた石造りの邸宅が校舎。10エーカー（東京ドーム1個分弱）の緑豊かな敷地内には池があり、釣りを楽しむこともできる。かつての水車小屋や馬小屋も残っている。学校備品の多くは中古品の家具でまかなったのでデザインの統一はとれていませんが、それはそれで味がある。

カリキュラムがありません。時間割もない。学年もクラスもない。宿題もない。そもそも授業という概念すらない。「卒業」のタイミングも自分で決めます。いわば「いつでも休み時間」みたいな学校です。

するとどうなるか。一日中釣りをしている子どもがいたり、一日中ドラムを叩いている子どもがいたり、学校の外でプロのカメラマンに撮影を教えてもらう子どもがいたりという具合です。

この極端とも思える教育方針は、アリストテレスが述べた「人間とは生まれつき好奇心をもつものである」を前提としています。自分に備わった生まれつきの傾向に従い、自分のしたいことを毎日欠かさずつづけることで、子どもたちは最適な形で学んでいくことができるという信念にもとづいて教育が実践されています。

もともとニューヨークのコロンビア大学で物理学を教えていたダニエル・グリーンバーグが、教育のあり方そのものに疑問を感じ、開いた学校です。

あらかじめ〝エビデンス〟があって始められた教育ではないので、「実験校」といってもいいでしょう。しかし卒業生の多くは一流大学に進学しており、国際的に知名度のある学校認定機関「ニューイングランド学校・大学協会」からも、高水準の教育を行う学校としてお墨つきを得ています。

子どもを「評価」しませんから、「成績」もありません。しかし当然ながらアメリカでも、大学への進学を希望する際には「成績」の提出を求められます。そんなときサドベリー・バレー・スクールの職員は、大学に学校のポリシーを説明し、「成績」を提出できないことを丁寧に説明するそうです。そこまで徹底して、自分たちのポリシーを貫くのです。

この学校の理念に共感し、同様の教育を行う学校が世界中にできています。それらを総称して「サドベリー学校」や「サドベリー教育」といいます。

イギリスの「サマーヒル・スクール」がモデル

実はこのユニークな学校にもモデルがありました。アレクサンダー・サザーランド・ニイルというスコットランド人が開いた「サマーヒル・スクール」という学校です。

世界の「フリースクール」の元祖と呼ばれ、本書に登場するそのほかの教育にも影響を与えたと考えられている学校なので、この場を借りてすこしだけ説明しておきましょう。

もともとは1921年ドイツに開校したインターナショナルスクールでしたが、荒れ狂うファシズムを逃れ、1924年にイギリスに引っ越しました。

ニイルは子どもたちに一切の強制をしませんでした。ニイルは数々の名言を残しています。たとえば……。

「九歳になる子がボールを投げて、窓ガラスを壊したとしよう。彼は私にそのことを告げにくるはずだ。なぜなら、彼はそのことで怒りを買うなど心配していないからだ。もしかしたら彼は、窓ガラス代を弁償することになるかもしれない。しかし、くどくどお説教されたり、罰を受けたりすることはないのだ」

「子どもたちは学校で幸福であらねばならない。どうすれば幸福を与えられるか？……私の答えはこうだ。教師の権威なんかなくしてしまえ、子どもは子どもなんだ、押しつけるな、教えこもうとするな、無理やり話を聞かせるな、評価なんかするな、何ごとも強制するな……私の答えは、あなたがたのと違うかもしれないが」

「愛とはまず、一方的に与えるもの。相手を許すことだ。私は知っている。自由が、何々をしていいという許可証と完全に違っていることを。それを子どもたちがゆっくりと学んでいくことを。子どもたちはこの真理を学ぶことができるのだ。そして最後に、子どもたちの本当の自由が動きだすのだ」

ちなみにニイルは、教員を採用するとき「君はもし子どもたちに、くそったれめ、といわれたらどうするかね」と、いつも聞いたそうです。自分ならどう答えるか、考えてみてください。

授業を受けたいと思ったら「協定」を結ぶ

話をサドベリー教育に戻しましょう。

サドベリー・バレー・スクールでは、「読み方」すら教えませんが、字が読めないまま卒業した子どもはひとりもいないそうです。早く読み始める子もいれば、遅い子もいる。でも

「必ずいつか読み始める」とグリーンバーグは断言します。むしろ読み始めるのは遅かったけれど「本の虫」になる子もいれば、早く読み始めたのにあとから本をまったく開かなくなってしまう子もいると。

教えこもうとするから「読めない子」ができてしまうのであって、教えこもうとしなければ、みんな自然に読めるようになるというのです。

では、一切の強制がない学校で、子どもたちはどうやって学ぶのか。

子どもたちのうちだれかが何かを学びたいと思ったとします。彼らはまず、本やインターネットの情報を調べるでしょう。それでもどうしても不十分だと判断した場合、必要なことを教えてくれる大人をみつけて教えを請います。「自分たちは○○することを約束するので、あなたは○○をしてください」というように**「協定《ディール》」**を結びます。そのときはじめて〈クラス〉が生まれます。

あるときには9~12歳の12人の子どもたちがグリーンバーグに「算数を教えてほしい」とお願いしました。そこでグリーンバーグは、毎週決まった時間に算数の授業をする約束をします。しかし「5分でも遅刻をしたらその日の授業は中止。それが2回つづいたら〈クラス〉は解散する」とも約束します。

足し算・引き算から始めて、小学校6年間で習うはずの算数の全内容をたった24週、トータル24時間で終えてしまいました。

学ぶ状態になっていない子どもたちの頭に無理矢理押しこもうとすると6年間かかることが、学ぶ状態になっている子どもたちを相手にすればたったの1日で終わるということです。

学校のなかに適当な大人がみつからない場合、学校の外の大人と「協定」を結ぶこともあります。適当な大人をみつけ「協定」さえ締結できれば、定期的に医師や写真家などのプロフェッショナルの指導を受けることもできます。

勉強に仕向けることすらしない

勉強への圧力をかけることもなければ、もので釣ったり、やたらとほめたりして勉強に仕向けることもしません。子どもたちは、自分の時間に、自分のペースで、自分のやり方で、基礎学力を身につけます。

グリーンバーグは次のように主張します。

「人間には、みずから必要なスキルを学んでいく潜在的な能力が遺伝的に組みこまれている」

「子どもたちは、人間性の本質である生来の好奇心に衝《つ》き動かされることで、自分をとり巻く世界に分け入り、それを我がものとしていく途方もないエクササイズをつづける努力家である」

「わたしたちがそんな彼・彼女らに贈った最大のプレゼントといえば、『自分自身のままでいられること』です。わたしたちは、彼・彼女自身のものを、決して奪いませんでした。そのことによって、『教育的』な人々が与える以上のものを贈ることができたのです」

一切の強制をしないで教育などできるのか。子どもたちが必要なことをすべてみずから学び出すなんてことがあり得るのか。そんな疑いの声が聞こえてきそうです。私の心のなかにもそういう声がないわけではありません。

ただし、この教育法が子どもたちにどんな内的成長をもたらすのか。サドベリー・バレー・スクールのような環境で教育を受けたことのないひとにはわかりようのないことでしょう。ですから、自分の経験だけをもとにサドベリー教育を否定することはできません。

「プディングの味は食べたものにしかわからない」のことわざのとおりです。

子どもも職員も「全校集会」で1人1票を投じる

ただ好き勝手が許される空間では、早晩おたがいの権利が衝突して、権利の奪い合いが生じることは想像に難《かた》くありません。それを避けるために、おたがいの自由を保障するルールが必要になります。

サドベリー・バレー・スクールでは、学校内のルールはもちろん、予算管理、そしてなんと学校職員の採用・解雇に関しても、生徒が発言権をもっています。学校職員と子どもの立場は対等で、全員が1人1票をもっています。

最高決定機関が、週1回開催される**「全校集会」（スクールミーティング）**です。いわば学校における「国会」であり、「立法」の機能を担います。

その運営は、「自由」な雰囲気とは打ってかわって厳密です。議題は事前に「全校集会議事録」に記載されます。それをみて、自分が次の「全校集会」に参加して1票の権利を行使するかどうか、各自が決めます。発言は議長の許可を得て行います。発言は常に議長に向けて行われます。集会参加者は静粛を守り、礼儀正しくなければなりません。会議の意思決定は純粋な多数決によります。

日常的な学校運営は、**「係」**や**「委員会」**に委ねられます。「係」と「委員会」の違いは主には組織規模です。これが「行政」にあたります。

学校運営予算が不足すると、パンを焼いて近隣住民に売ったりもします。学校内でのお金のやりとりのために**「個人口座」**を開設したりもします。

学校の公式な支援のもとでやりたいことがある場合は、全校集会にて**「学校コーポレーション」**の発足を認めてもらいます。一般的な学校における「部活」や「同好会」のようなものです。

学校内における紛争解決には「全校集会」の下に組織される**「司法委員会」**があたります。紛争がおきた際には司法委員会が徹底的な調査を行ったうえで陪審員制による裁判が行われます。つまり学校における「司法」の機能です。

まるで「小さな民主主義社会」です。ゆえにサドベリー・バレー・スクールは、「デモクラティック・スクール（民主主義の学校）」とも呼ばれます。

ここに、サドベリー流「自由」と「民主主義」の原則がみいだせます。

〈誰かに定められた規律によらず、みずから定めた規律に従うときにのみ、自由である〉

「優等生」こそ社会の犠牲者

サドベリー・バレー・スクールには、いわゆる「問題児」のレッテルを貼られた子もやってきます。前の学校を追いだされたか、学校にいくのを拒否した子どもたちです。サドベリー・バレー・スクールでは、そうした転校生たちに、いままで失われていた彼らの自由を返してあげることで、迎えいれます。すると、彼らはこの学校で、立派な「市民」としての自分をとり戻します。

グリーンバーグは著書のなかで次のような感動的なエピソードを紹介しています。

開校まもないころ、いわゆる「優等生」たちと「問題児」たちとのあいだで分断が生じました。優等生たちは、学校の風紀を乱す問題児を学校から追いだしたほうがいいと訴えました。そのときにグリーンバーグさんは大きく深呼吸してからこういったそうです。

「あの『悪い子』たちのほうが、君らよりこの学校に生きる意味をよく知っているよ。連中は自分自身の生と格闘しているんだ。それでいまのところ精一杯なんだよ。ところが君たちの場合は、他人を喜ばせようと、それればかりに気をつかっている。自分自身のことを、ちっとも知ろうとしないじゃないか」

サドベリー・バレー・スクールでは、問題児のほうがすばらしい行いをするとグリーンバーグは断言します。むしろ優等生が途方に暮れるのです。彼らの習性として、一生懸命教師に気に入られようとするのに、この学校では、誰もそうした言動をほめてくれないからです。

つづけてグリーンバーグはこう指摘します。

社会の犠牲者とは「問題児」ではなく、実はこうした「優等生」なのです。何年もの間、外部の権威に寄りかかってばかりいたので、自分自身がなくなってしまったのです。（中略）

こんな子どもたちにとって、自由とは恐ろしいことなのです。こうしなさい、ああしなさいと、だれも命令してくれないのですから。

「優等生」こそ、産業社会の部品として働く「自動人間《ヒューマン・オートマトン》」に育て上げるための〝教育〟に過剰適応してしまった犠牲者だというのです。私はむしろ、このような〝教育〟を「教育」とは呼ばないと思います。これは「人材育成」です。「人材育成」と「教育」は違います。

卒業のタイミングも自分で決める

サドベリー・バレー・スクールが行った卒業生調査の結果によれば、卒業生の9割がフォーマルな環境のなかで教育を受ける道を選ぶとのこと。大学進学を望む子はみな大学に進み、大学院に進むことを望む子はそれも実現している。

さらにそのさきの人生では、起業家になる比率が一般よりも高い。30代半ばに達するまでに、自分自身の環境を、かなり幸せだと思うようになる。

多くの卒業生の心のなかにはこんな思いが共通しているようです。

「それがほんとうにやりたいことなら、私はうまくやれる」。

卒業のタイミングは自分で決めます。17〜18歳が主流ですが、16歳で申請する子もいます。学校を去ることはいつでも自由ですが、**「卒業証書」**を得るには手続きがあります。自分が卒業後も責任ある市民として社会に貢献できることを証明するためのプレゼンを行い、発表を聞いた仲間や職員からの質疑に応答し、投票による承認を得なければなりません。

人生の目標を見定め、みずから巣立ちの日を決めた若者たちに「卒業証書」を贈るのです。ちょっと格好よすぎると思いませんか。

教育現場レポート

広い一軒家がそのまま校舎

この教育を東京でやるとどうなるか、みてみましょう。

「東京サドベリースクール」は東京都世田谷区深沢の閑静な住宅街のなかにあります。校舎は4LDKの2階建ての一軒家。外国人向けの住宅だったらしく、一部屋一部屋が一般的な日本の住宅よりも大きく、備えつけのキッチンの冷蔵庫や洗濯機もいかついものです。20畳ほどのリビングにはソファやピアノが置かれ、多くの子どもがここで過ごします。ダイニングルームはミーティングルームとして使用されています。2階の4部屋はそれぞれ「アートルーム」「おもちゃ部屋」「真ん中の部屋」「事務部屋」として使用されています。

通えるのは幼稚園の年長さんから高校3年生までに相当する子どもたち。現在6～16歳の子どもたち17人がいっしょに学んでいます。スタッフは常に2人います。この日は、杉山まさるさんと加藤あや香さん。状況に応じて準スタッフや外部アドバイザーが活動に加わります。

ただし、文部科学省が認める正式な「学校」ではありません。義務教育期間に相当する子どもたちは、公立の学校に籍を置きながら、ここに通っています。大学への進学を希望する場合は、「高等学校卒業程度認定試験」（旧：大学入学資格検定）を受けることになります。

取材に際して、子どもたちが何かに集中しているときには極力話しかけないこと、もし話しかける場合には「いま話しかけていい？」と確認することを約束しました。

その日何をするかは「自分たち次第」

10時から11時のあいだの好きなときに登校することになっています。教科書などはないので、身軽です。思い思いの場所に無造作にカバンを置きます。掃除の時間が決まっている以外は16時の下校時間まですべて自由時間。

ミーティングルームでは、10時から、スタッフの杉山さんと高校生くらいの男の子2人が真剣な様子で話し合いをしていました。「校則」の変更について「スクールミーティング」に諮《はか》るための事前打ち合わせのようです。

リビングのソファには、中学生くらいの男の子が横になって寝ています。スタッフの加藤さんが私の耳元でささやきます。「子どもたちひとりひとりにストーリーがあります。いま彼はいろいろとりくんでいることがあるんです」。朝登校するなりソファで横になっている子がいても、もちろんここではだれも邪魔しません。ただ、そっとしておきます。

リビングではそのほか5人の小学生〜中学生の男の子たちが、それぞれに携帯用ゲーム機で遊んでいます。それぞれのゲーム機を使いながら、「おい、こっちに来るなよ！」などと会話をしているので、インターネット上でつながってプレーしているのでしょう。

2階の「真ん中の部屋」には女の子3人が集まっていました。ドアが閉まっているので、おしゃべりしているのか、ゲームをしているのか、ちょっとわかりません。「事務部屋」にも女の子がひとり。ヘッドホンをして音楽を聴いているようです。

10時45分ごろ、キッチンで、女の子3人組が「みかんケーキ」づくりを始めました。前の日からそういう約束になっていたようです。

「火、使いまーす！」

女の子が元気な声でみんなに知らせます。安全のための情報共有です。

キッチンには基本的な食材や調味料がそろっており、子どもたちはいつでも料理ができます。つくりたいものがあれば、材料をもってくることも、買いだしにいくことも可能です。

昼食は基本的にお弁当ですが、自炊もできます。

できあがったケーキをいつのタイミングで食べるべきか、女の子たちがさかんに議論しています。

「意見分かれそうだけど、どうしようか？」

その議論の仕方にある種の「フォーマット」がありました。おたがいに遠慮することなく意見をいい合いますが、口調が丁寧です。まるで会社のなかの社員同士の話し合いみたいです。

「○○○○というのは（あくまでも）私の意見だから……」と異なる意見をうながしたり、「○○ちゃん（の意見）は？」と2階の「真ん中の部屋」にいる女の子たち3人にも意見を聞きにいったりします。意見が対立しても、まったく不穏な雰囲気にはなりません。みんなで落としどころをみつけようという意志が感じられます。その様子から、子どもたちが、民主的に公平に意見をだし合って結論を導きだすのに慣れていることがわかります。

「14時にミーティングルームで食べる」という話でまとまりました。

11時くらいになると「真ん中の部屋」にいた女子3人もキッチンに降りてきて、えだまめをゆではじめました。

サドベリー流ミーティングの進め方

そのえだまめがちょうどゆであがった11時15分ころから、「朝ミーティング」が始まります。毎朝、11時15分からと決まっています。参加は任意。

杉山さんと加藤さんのほか、参加者はえだまめをゆでていた中学生くらいの女子1人のみ。えだまめにしゃぶりつきながらの参加です。

加藤 議題あるひとは?

女子 はい。外出時の紙にある連絡先はサドベリーだけでいいのでは? 理由は個人情報です。万が一紙を外に置き忘れてしまったときに問題かなと思います。

加藤 はい。議題を確認します。外出時にみんながもっていくことになっている紙に、いまはサドベリーの電話番号とスタッフの携帯番号が書かれていますが、スタッフの携帯番号はいらないのではないかということですね。

杉山 はい。そうすると、地震などがあって、サドベリーを離れて避難しているときにつながらなくなってしまいます。個人情報の問題もありますが、緊急時のスクールの子の安全確保が優先だと思います。

……といった具合にテンポよく話し合いが進みます。発言するときは必ず挙手をして「はい」といいます。毎日おなじ屋根の下で暮らす親しい仲ですが、ミーティング中はおたがいに敬語を使います。そして、スタッフも子どももまったく対等に議論します。スタッフが大人の上から目線をふりかざすことは一切ありません。

このやりとりに慣れているから、キッチンでの会話にも「フォーマット」があるように感じられたのです。

いつどこで何をしていてもいい。その完全な自由がありながら、社会としての学校を運営するときにはその一員としてフォーマルなふるまいが求められる。メリハリがあります。「朝ミーティング」に参加しない子どもたちは、あいかわらずリビングや真ん中の部屋でゲームをしたり、おしゃべりしたりと、のんびり過ごしています。

「いまごろ世間一般では、小学生も中学生もみんな国語や数学の授業を受けているんだよな……」と思うと、正直、不思議な感じがしなくはありません。

すると「アートルーム」からは、英語の授業をしている声が聞こえてきました。さきほどまでソファで寝ていた男の子が、外部アドバイザーから英語をマンツーマンで教えてもらっているようです。この時間に英語を教えてくださいとお願いし、「協定」を結んだのでしょう。本人が学びたいと思えば学べる環境なのです。しかもマンツーマン。30人以上のクラスでまとめて教えられるより贅沢です。

「おもちゃ部屋」からはなぜかドラムを叩くような音が聞こえます。

プロのミュージシャンが教えに来る

12時にドアベルが鳴りました。プロのミュージシャンが外部アドバイザーとしてやってきました。これから「おもちゃ部屋」でドラムの個人レッスンが始まるそうです。「おもちゃ部屋」には本格的な電子ドラムのセットが置かれています。

ドラムを習うのは高校1年生の男の子。ゲーム音楽の作曲家を目指しており、作曲のためにドラムを習ってみたいという動機でスタッフといっしょに先生を探したとのこと。

本当は個人レッスンのはずですが、なぜか、小学校低学年くらいの男の子までついてきました。リビングで唯一ゲームをしていなかった男の子です。どうやら最近この学校に入ったばかりの子のようです。

アドバイザーが手本をみせ、高校生の男の子におなじように叩かせます。

「いいよ、いいよ、うまいじゃん！」

でもときどきつまずきます。

「しばらくまちがえつづけていいから、その調子でやって」

アドバイザーがはげまします。

ある程度形になってくると、足の使い方、手首の使い方など、細かいところを改善するアドバイスを伝えます。

「もうちょっとゆっくり自分のやりやすいテンポでやってごらん。力をいれすぎて、窮屈な叩き方に慣れてほしくないんだ」

ときどきクイズ形式で、楽譜の読み方を確認したりもします。

つづいて、パソコンをスピーカーにつないで、曲に合わせてドラムを叩きます。なんと、その高校生が自分でつくった曲だそうです。大したものです。

ときどき小学生の男の子も叩かせてもらいます。ところがびっくり。上手です。家にドラムセットがあって、習ったことがあるそうです。

高校生のお兄さんがドラムを叩いているときには、それに合わせて近くにあったおもちゃの太鼓を叩きます。即興のセッションです。

レッスン後、高校生がいきいきとした表情で私に話しかけてくれました。

「何か聞きたいことあります？」

「うーん、じゃあ、この学校の好きなところってどこ？」

「自由なところです」

「じゃ、問題点は？」

「勉強しようと思ったとき、いちから自分でやらなきゃいけないのは結構大変です」

中学生になってから、小学校の算数をやり直すこともあるそうです。それでも、本人がやる気になったときに集中してやれば、もっとも効率がよく、効果も高いというのが、本場のサドベリー・バレー・スクールと共通する考え方なのです。

おなじころ「アートルーム」では、「工作部」の4人が羊毛フェルトで小さなお人形をつくっていました。

そういう「部活」も全校集会の承認を得れば公式に活動できます。

ひまなときこそ普通はしないことをしてみる

「お昼休み」みたいなものはありません。だから「早弁」という概念もありません。もってきたお弁当をいつどこで食べるかは自由です。

13時30分からはミーティングルームで避難訓練の打ち合わせが行われました。

毎日15時5分からは「掃除」の時間。これは全員参加がルールになっています。もちろん掃除への全員参加も、みんなで多数決で決めました。

15時20分からは「夕方ミーティング」です。朝同様、自由参加ですが、夕方は杉山さん加藤さんのほかに、3人ほどの参加者がありました。書記を決めるところから多数決です。

小さい子もはっきりと意見をいいます。意見をいうときは、「もともとは○○だったけど……」などと、これまでの経緯をふくめて説明します。「これについて私は○○と思っています。理由は……」と、その意見をもった理由もきちんと説明します。これまでの経緯と、問題意識と、対処案がセットで提示されるので、論点が明確です。

「朝ミーティング」にも「夕方ミーティング」にも参加して、はきはきと自分の意見を述べていた女子に、話を聞きました。こちらから聞いたというよりは、彼女のほうから「何か質問があったら聞いてください！」と明るく寄ってきてくれました。小1からサドベリーに通っており、現在中2。いまいる子どもたちのなかでもっとも在籍期間が長く、リーダー的な存在です。

「この学校のいいところと大変なところはおなじです。みんなの意見を聞かなければ何も進められません。ミーティングをしても、最初は上手にいえない子や話し合いの仕方がわからない子がいます。私も小さいときはミーティングが嫌でした。そういうときにはこちらから、何がいいたいのかを引きだしてあげなければいけません。でも、その子が自分でいう前に、いいたいことを勝手に解釈して代弁してはいけません。その待つ時間が結構つらいんです」

とても大人な意見です。

「逆に、意見をはっきり強く訴えることができる子もいます。そういうときにはみんなの意見もそちら側に流されやすい。でも、それは伝え方の問題だけであって、本当にいい意見かどうかはわからない。多数決が原則ですが、話し合いの段階で、声の大きなひとの意見に偏らないようにする意識が必要です」

民主主義社会の難しさをそのまま語ってくれているように思います。

「それから、超〜ひまなときがある（笑）」

それこそ、サドベリーなのだが、そういうときはどうするのか。

「私のおすすめは、いつもやらないことをやってみるということです。私はもともと本をあまり読まない子どもでした。でも、あんまりにもひまなときに、どうせやることがないのなら、普段やらないことをやってみようと思って、本棚の本を読んでみました。そうしたら、本を読むようになりました」

ひまなときこそ自分が普通はしないことをあえてしてみるというのは、大人にも参考になるアイディアではないでしょうか。徹底的にひまを味わった経験のあるひとでないと湧いてこない発想かもしれません。

一方で、こんなこともぼやいていました。

「ルールを守らないひとにはストレスを感じますね。この学校のルールが嫌なら来なくていいわけだし、ルールを変えることを提案してもいいわけですから」

この学校のルールは大人から押しつけられたものではない。自分たちで決めたルールであるという大前提があります。自分で決めたことを守れないのはおかしいだろうという理屈が成り立ちます。

ミーティングルームの壁には、この学校の憲章のようなものが掲げられています。「学校にいるすべての人は自分と他人の安全・自由・権利を尊重する」。《安全・自由・権利》のそれぞれの具体的意味も書かれています。「自由」については、「あらゆる行動は個人で決めることができる」「自分の自由とともに相手の自由も尊重する」「コミュニティのなかで決められたことは個人の自由より優先される」という3原則がありました。

16時、完全下校です。

DATA

東京サドベリースクール

所在地▼東京都世田谷区深沢
運営者▼一般財団法人東京サドベリースクール
創　立▼2009年
ジャンル▼学校教育法によらない学校型教育施設
対　象▼5〜18歳（幼稚園年長〜高校3年生に相当）

1日の流れ

10:00〜11:00	登校
11:00〜11:15	朝ミーティング（自由参加）
15:05〜15:20	掃除
15:20〜16:00	夕方ミーティング（自由参加）
16:30	完全下校

先生インタビュー

――東京サドベリースクールの創立メンバーのひとりである杉山まさるさんに聞きました。

おおた　サドベリー教育の学校の認定制度みたいなものはあるのですか。

杉山　ありません。サドベリー・バレー・スクールに共感した学校がサドベリーをなのっているのが現状なので、全然違う教育をしていても、サドベリー教育をなのることはできてしまいます。毎年ボストンを訪れてグリーンバーグさんとお話しする機会をもらっていますが、どこかの学校がサドベリー教育をなのっていても一切関知しないというスタンスのようです。

おおた　日本ではまだまだサドベリー教育の学校は少ないと思います。ここにも遠くから通ってきているのですか。

杉山　1時間半くらいかけて通学しているお子さんたちはいますね。わざわざ近くに引っ越したご家族もいます。

おおた　どうしてサドベリー教育の学校をつくろうと思ったのですか。

杉山 自分自身、子どものころから〝いい子〟としてふるまうことを「生存戦略」としていたんですね。そうしたらいつのまにか自分が何をしたいのかわからない人間になっていたことに大人になってから気づいて、焦りました。そんなときサドベリー教育に出会いました。

おおた 自分を反面教師として教育をしようと考えたわけですね。

杉山 この学校でもときどき、何をしていいのかわからなくて泣きだす子もいますけど、それをみていると、「いまの歳にそれができてうらやましいな」と思います。サドベリー教育を突きつめて考えると、「自分に向き合うこと」に集約できるのかなと思います。

おおた 「自分に向き合うこと」。

杉山 期待しない、コントロールしない、ひとのせいにしないということだと思います。それができずにエスカレートすると、「私が不幸なのは社会のせいだ」となってしまいます。外に向けているその指を、自分に向けてみようということです。これはサドベリーにおいては、子どもだけではなく、われわれスタッフや保護者も常に突きつけられている問いです。どうしてゲームばかりしているのはダメなのか、どうしてゲームより算数をしているほうが偉いと思うのか。

おおた 他人を変えようとするより、自分を変えるほうが早いということですね。

杉山 ただ難しいところもあって。過剰に自分のせいにしてしまうひともいるとは思うのですが。

おおた　卒業生はどんな進路を選ぶのですか。

杉山　ある女の子は、わざわざ地方から見学にきて、この学校を気に入って、家族ごと近くに引っ越してきました。料理が好きで、毎日ここで料理をして、料理の道にいくのかと思ったら、いまはイベント会社で働いています。またある男の子は、中学生になる段階からうちにきて、最初の1年半は毎日ずっとゲームばかりしていました。ゲームをやることがダメだとはここではだれも思わないのですが、あるとき彼のなかでは「このままではダメだ」と思ったらしいんです。そこから本を読むようになって、地域社会とか政治に興味をもちはじめて、自分で国会議員に会いにいったり、デモに参加したりするようになりました。そしていまは、大学で都市開発を学びたいと思っているようです。中3のときにここを巣立つことをみずから決めて、16歳で高卒認定をとってしまって、いまはひとりで全国の都市をみてまわっています。そのなかでコネクションができて、もしかしたら大学にいかなくても就職ができてしまうかもしれないと連絡がありました。

おおた　決められた授業がまったくなくて本当に大丈夫なのかと心配ですが。

杉山　基本的な読み書き計算はいつのまにかできるようになります。「信じて待てばそのうちやるようになる」とよくいいますが、「信じて待つ」という気持ちすら不要です。「信じて待つ一ってやっぱり期待しているんですよ。

おおた　なるほど。極論すれば、本人が望まなければそのままでもいいじゃないかというスタンスですね。

杉山　サドベリー教育と一般的な教育のいちばんの違いがそこです。大人がさせておいたほうがよいと思うことをさせるのではなく、子どもがしたいことをさせる教育です。

おおた　望んだときにはアドバイザー制度もある。

杉山　東京には豊かな自然環境はありませんが、ユニークな大人がたくさんいます。それを私たちの環境として活かしていきたいと思っています。

おおた　スタッフが子どもを叱るということもあるのですか。

杉山　私たちはあくまでも子どもと対等な立場です。ですから叱るという構造になることはまずありません。ただ、こちらの考えを伝えることはあります。

おおた　そういう態度を貫くのも大変なことだと思います。

杉山　私たちスタッフも、常に自分と向き合わなければいけません。自分のなかのみたくないものを直視しなければならないケースも多い。常に変わりつづけられるひとでないと、このスタッフは難しいと思います。

おおた　入学審査はどのようになっていますか。

杉山　学校を実際に体験してもらって、その様子をみさせてもらって、「アドミッションミーティング」（入学会議）で審査します。審査には当然子どもたちも参加して1人1票を投じます。

おおた　よくある誤解は何ですか。

杉山　この学校は、不登校になってしまった子どもの一時避難場所のようなところではありません。「ケア」をするところではなく、あくまでも「学び」の場です。かといって、役所が定める正式な「学校」の代わりでもない。そこをわかってもらえないと、ここで学びつづけることは難しいかもしれません。

おおた　保護者がそこを理解できるかどうかが大きなハードルですね。

杉山　保護者にはアーティストや経営者も多い。自分で自分に価値をつけられることを知っているひとたちですね。サドベリー教育は万能ではありませんし、ここは楽園でもありません。合わない子にはしんどいだけです。子どもが自分でこの教育を選んだという自覚があることが大切ですね。教育に正解はありませんが、その子に合う教育はきっとあると思います。

子育てに役立つヒント

自分だけの「人生の羅針盤」を使いこなせ

どんな人生が「充実していて豊か」なのかは、それぞれのひとが決めること。そのためには、ほかのだれでもない、自分自身のモノサシが必要。それがそのひとにとっての「人生の羅針盤」になります。

羅針盤さえあれば、長い人生という「航海」のなかでたとえ逆風にさらされる日があっても、1日1ミリしか前に進めなくても、幸せを追求しつづけられます。どこかにたどり着くことが目的ではなく、自分自身の「人生の羅針盤」にしたがって「航海」するそのプロセス自体が幸せなのだと気づくことができます。

生まれたときから自分のポケットに入っていた「人生の羅針盤」の存在に気づき、それを使いこなせるようになるために必要なのは、実は大量のぼーっとする時間なのだということを、サドベリー教育は教えてくれます。

教育熱心な親は、子どもの可能性を広げたい、才能に気づきたいという一心で、よかれと思って、たくさんの習いごとをやらせたり、幼児教育を受けさせたり、塾に通わせたりします。

しかしその手のことをやりすぎて、子どもからぼーっとする時間を奪ってしまうことは、もっとも愚かなことです。「人生の羅針盤」の使い方を遊びながら学ぶ機会を奪い、結果的に他人や世間のモノサシに依存することでしか自分の人生を評価できないひとにしてしまう可能性が高いからです。最悪の場合、「自分が不幸なのは○○のせいだ」と一生いいつづけるひとになってしまうかもしれません。

POINT

1 「人間とは生まれつき好奇心をもつものである」という前提に立ち、子どもに学びを強制しない。

2 「〜していい」という許可とは違う真の自由を与えることで、子どもの潜在的な能力を引き出せる。

3 「ほんとうにやりたいことならできる」という自信が、自己肯定感と人生の幸福感につながる。

さらに学びたい人へ

世界一素敵な学校
〜サドベリー・バレー物語〜

ダニエル・グリーンバーグ著、大沼安史訳、緑風出版

サドベリー・バレー・スクールの創始者本人による著書。とびきり自由な環境のなかで子どもたちがどのように振る舞うのかが生き生きと描かれている。

第6章

フレネ教育

格好良い頭と何でもできる器用な手

フレネ教育の概要

創始者・おいたち	セレスタン・フレネ　Celestin Freinet　1896 ～ 1966 第一次世界大戦で負傷兵となった若き小学校教師がフランスの片田舎の小学校で試行錯誤のなかでさまざまな教育技術を編み出した。フランスの公立学校教師の間で支持が広まる一方で、公立学校の枠組みに限界を感じ、1935 年、みずからの学校をヴァンスにつくった。
理念・スローガン	子どもは自分が役立ち、自分に役立ってくれる理性的共同体の内部で自己の人格を最大限に発展させる。
特徴・キーワード	押しつけ型の一斉授業を廃し、各々の「学習計画表」に従って個別学習を進めるスタイル。授業を「仕事」と呼び、教科学習だけでなく「自由作文」や「手仕事」にも取り組む。一方で学校を理性的共同体と位置づけ、「学校協同組合」による「生徒集会」を設けたり、「イニシアチブ」と呼ばれる奉仕活動を子どもに求めたりする。フレネは自分のやり方をあえて１つの教育体系にはまとめなかった。

「フレネ教育」ってどんな教育法？

フランスの片田舎の新米教師の奮闘

「正解がない時代」だといわれます。そんな時代に生きる子どもたちにどんな教育を与えればいいのか、大人たちは悩みます。それこそ国を挙げて議論されます。しかしともすると、その議論こそがすでに「どんな教育が正解か」という正解主義に陥っている場合も少なくありません。

　でも、セレスタン・フレネは「これがベストの教育」「このような教師がベスト」というような「正解」を示しませんでした。逆に、「このやり方がベスト」といってしまうような教育法を痛烈に批判しました。教育に「ベスト」「正解」を求める思考こそが、安易に「正解らしきもの」に飛びついてしまう、自分の頭で考えない市民を再生産してしまうという根本的矛盾があるからです。

　フレネは、第一次世界大戦直後の１９２０年、南アルプスの貧しい村に小学校教師として赴任します。戦争中、兵役についたときにドイツ軍の毒ガス攻撃で喉と肺を痛めていたため、大きな声がだせず、子どもたちは話を聞いてくれません。授業中にもかかわらず、カタツムリのレースを始めるほど。いまでいえば「学級崩壊」状態です。

フレネは開き直りました。子どもたちのカタツムリレースの様子を、物語風にアレンジして、黒板に描写したのです。自分たちを主人公にした物語をみて、子どもたちはようやく黒板のほうをみました。そしてそれをノートに書き写しました。

味をしめたフレネは、おなじ方法で、子どもたちの興味・関心をそのまま教材にしました。子どもたちにも作文させました。教室をでて、学校のまわりの豊かな自然や村人の生活風景のなかで教材をみつけたりもしました。**「散歩教室」**です。これがフレネの授業のスタイルになりました。同時に、子どもたちのやる気を消沈させる伝統的な押しつけ型の教育に強い疑念を抱きます。

フレネは、ルソーやペスタロッチをはじめとする多くの教育思想家・理論家の本を読み、ジュネーブのルソー研究所やフェリエールの『活動学校』の思想からも多くを学びました。１９２４年には国際新教育連盟のモンルー会議に出席し、一介の小学校教師の立場ながら、当時ヨーロッパを席巻《せっけん》していた新教育運動に加わります。

しかし、経済的にも恵まれた先進的な学校のやり方を、フランスの片田舎の小学校でそのままねることなど不可能。また、あまりに自由放任的な学校運営思想にも反発を覚え、独自の教育のあり方を模索し始めます。

クリスマスに近いある日、フレネは子どもたちへのプレゼントとして、小さな印刷機を教室にもってきました。子どもたちは興味津々。原稿を作文し、活字を拾って印刷する楽しさに夢中になりました。既存の教科書に頼らずに、自分たちでオリジナルの教科書をつくる**「自由テキスト」**のはじまりです。印刷機の導入により、学習効果が飛躍的に向上しました。

「教育体系」ではなく「教育技術」

1928年にはサン・ポールという街の小学校に転任しますが、街の実力者と対立し、街を去ることになります。それで1935年、ヴァンスにみずからの理想の教育を実践する実験校を設立するのです。

教科書による一斉授業を廃止し、個別化と協同化のバランスを念頭に置いた共同体的学校運営を主張しました。印刷機の使用のほか**「学習文庫」「協同学習カード」「計算や読み書きのためのカード」「学校文集」「学校間通信」「手仕事」「学校共同組合」**など多数の**「教育技術」**を発案しました。

フレネは「技術」（テクニック）という言葉を積極的に使用しました。学校環境全体として体系化してとりくまなければいけない教育ではなく、さまざまな現実に応じて教師個人が、誰でも部分的にとりいれることができる創意工夫のアイディアという意味合いです。

その手軽さから、フレネの教育技術は公立学校を中心に広がりました。モンテッソーリ教育など当時の新教育運動が主に私立学校を中心に広がったのとは対照的です。モンテッソーリ教育が1つの大きな教育体系パッケージであるとするならば、フレネ教育は小分けの教育技術のつめ合わせといえます。

ちなみに、フレネは著書のなかで、確立されすぎたメソッドとしてのモンテッソーリ教育のことをたびたび批判しています。「フレネ教育」という呼び方も、フレネ自身は拒否していました。ひとりのカリスマを崇拝することは、構造的にファシズムと変わらないと考えたからです。

スペインでの内乱、フランス人民戦線、ドイツやイタリアでのファシズムの台頭など、ヨーロッパに不穏な空気が漂うなか、フレネは教育だけでなく、平和運動、労働運動にも力を注ぎました。

第二次世界大戦の最中、一度は収容所にいれられますが釈放され、レジスタンス活動に参加します。フレネは菜食主義者であり、唯物論者であり、思想的には左翼寄りのひとでした。フレネは単なる小学校教師や教育家ではなく、社会活動家でした。フレネにとって教育とは、社会活動の一環でもあったのでしょう。

1966年に永眠しますが、フレネの学校は長女マドレーヌ・ヴァンスが継承しました。いまもヴァンスの丘のうえに、オリジナルのフレネ学校があります。一時は経営の危機に立たされましたが、いまはフランスが国としてこの学校を運営・保存しています。

というわけで、フレネ教育は体系化された教育理念や教育思想あるいは確立されたメソッドではありません。ですから「これがフレネ教育だ」という輪郭を示しづらい。そこで、ここからは、フレネ教育を特徴づける主な教育技術を具体的にみていくこととしましょう。

国語教育の常識を変えた「自由作文」

「学校に印刷機を！」というスローガンはフレネ教育運動の象徴として有名です。ヴァンスにあるオリジナルのフレネ学校ではいまでも活版印刷機が活躍しているそうです。しかし現在では、フレネ教育を実践する学校で必ずしも印刷機を使用しているわけではありません。

「印刷機」は、最先端のガジェット（文明の利器）を積極的に教育に利用しようとするフレネのスタンスの象徴です。フレネは、映写機やレコード、ラジオ、タイプライターなどを使用することにも前向きでした。現在に置きかえればタブレット、端末や電子黒板を積極的に利用する教育ICT（情報通信技術）の発想に相当すると考えていいでしょう。

また、フレネ教育の学校では、頻繁に**「自由作文」**にとりくみます。自由なテーマで書く作文というよりは、自由なスタイルで書く作文です。

ヴァンスのフレネ学校には通常なら幼稚園に相当する3〜5歳のクラスもあり、彼らも自由作文をします。もちろんまともな文章なんて書けません。でも、先生が手助けしながら、頭のなかにあるものを、何でもいいので書きます。文字だけで十分に表現できない子は、絵を描いてもかまいません。絵をメインに描いて文字を書きそえただけでも立派な自由作文です。

文字や文法のまちがいをいちいち指摘して枠にはめる国語教育に対して、フレネ教育の自由作文は、子どもの自発性を前提にした国語教育の技術です。学校によっては、子どもたちが毎日書く自由作文をおたがいに読み合ったり、発表したり、批評し合ったり、印刷して配布したりして、教材としても活用します。

フレネは子どもたちの文章を印刷して**「学校間通信」**としてほかの学校へ送ったり、雑誌として地域の住民に販売したりしていました。そうやって学校の外との関わりを大切にしていました。現在であれば、ホームページに公開したり、メールマガジンとして配信したりという活動に置きかえることができるでしょう。

「授業」ではなく「仕事」という考え方

フレネ教育の小学校では一斉授業のようなものがほとんどないので、教室の雰囲気は、日本でおなじみのスタイルとはまるで違います。子どもたちは5~6人ごとの異学年グループで向かい合って学習します。年少者が困っていれば、おなじグループの年長者が教えてあげます。

一斉授業の代わりに**「個別学習」**の時間を多く設けています。2週間に1度、子どもたちはおのおのに**「学習計画表」**をつくり、それにしたがって個別に学習を進めます。終わったところは色鉛筆で塗りつぶし、進捗状況を可視化します。フレネ教育としての教材の指定は特にありません。

各自が自分の興味にしたがってテーマを決めてとりくむ「自由研究」もフレネ教育の特徴です。自由研究の成果は**「コンフェランス」**で発表します。学校における学会のようなイメージです。ポスターをつくったり、パソコンでプレゼンテーション用のスライドを用意したりして、思い思いの方法で発表が行われます。

一般的な学校では「授業」と呼ぶような一連の活動のことを、ヴァンスのフレネ学校では**「仕事（トラヴァーユ）」**と呼びます。お金を稼ぐという意味での仕事ではなく、研修などで「ワークする」などという場合の「ワーク」に近いニュアンスです。

4歳ごろまでに多くの子どもは、いたずらによって世の中を下調べし、自分なりの結論を得ます。そのうえで、「仕事としての遊び」と「遊びとしての仕事」を通して身のまわりの環境を支配しようと試みるというのがフレネの考えです。

「仕事」には、個別学習による文字や計算の習得、自由作文もふくまれます。ただし、いわゆる「勉強」だけを「仕事」と呼ぶわけではありません。畑仕事や編みものなど文字どおりの「仕事」や「手仕事」もフレネ教育では学習の一環として積極的にとりくみます。

生活に根ざした「仕事」と教科学習的な「仕事」は連続しているとフレネは考えました。「頭でっかちより、格好良い頭と何でもできる器用な手を」といって、学校という空間が生活実感から切り離されることのないようにと強く訴えました。前述の「散歩教室」も同様の目的の教育技術だといえます。

学校は「成熟した市民」を育成する場

フレネ教育では、個別性を重んじると同時に共同体意識も重んじます。

その象徴が**「生徒集会」**です。学校生活におけるさまざまなことを議題にし、理性的に話し合う場です。学校における直接民主主義の場といえます。ここでは子どもも先生も対等に意見をいいます。

誰かがとてもいい行いをしたことをみんなの前で賞賛する場合もあれば、誰かの悪い行いをみんなの前で名指しで批判することもあります。校則を決めて杓子定規《しゃくしじょうぎ》に対応するのではなく、個別の事象についてそのつど最適解を探り、共同体として意思表示をします。議論の結果は壁新聞に記録されます。まさに民主主義社会の縮図です。

フレネ学校には子どもたちで組織する**「学校協同組合」**があり、文集の用紙代や遠足の費用などのお金の工面まで子どもたちが主導します。資金不足に陥ると、みんなでカップケーキを焼いて近隣の住民に売ったりもします。

学校という共同体を支えるもうひとつの要素が**「イニシアチブ」**。学校という共同体のためになることをみずからみつけて実行する奉仕活動のことです。これも健全な社会を維持する一員として、欠かせない行為です。

保護者も同様に、さまざまな形で学校をサポートすることが求められます。

学校を実社会の縮図としてとらえているのです。いや、より正確にいうならば、学校を「理想の社会」のミニチュアモデルとして構成しようとしているのです。学校が単なる実社会の縮図であれば、子どもたちに実社会の悪い部分までを受けわたすことになってしまいますから。

フレネは、学校を、単に子どもたちの個別の才能を伸ばす場ではなく、健全な民主主義社会を支える成熟した市民を育成する場ととらえていたのです。

以上のようなことが、フレネ教育を導入している学校のすべてでおなじように行われているわけではありません。活動の呼び名がちょっとずつ違ったりします。それぞれの学校が現実に合わせて、フレネの教育技術をとりいれています。

現在フランスの公立学校では約1割の教員がフレネ教育に準じた指導を行っており、実践例はスペイン、ドイツ、ブラジルなど世界38カ国に広がっています。

教育現場レポート

ユネスコスクール認証校

大阪府箕面《みのお》市にある「箕面こどもの森学園」の1日を見学しました。

NPO法人が運営しており、小学部と中学部があります。ただし、文部科学省から正式に「学校」と認められているわけではありません。子どもたちは公立の小学校や中学校に籍を置きながら、実質的にはここを「学校」として通学しています。

2004年に開校し、2009年に現在の校地に移転。2015年にはユネスコスクールの認証を受け、中学部も開設しました。2016年にはESD（持続可能な開発のための教育）重点校にも選ばれています。

定員は小学部40人、中学部20人。校舎は、木造3階建て。一般的な学校に比べれば小ぢんまりしていますが、フレネ教育を行うために機能的に設計されたもの。アットホームで落ち着く雰囲気です。運動場になるほどではありませんが、キャッチボールができるくらいの庭があります。

周囲は落ち着いた住宅地。公園に隣接しており、さらに3分ほど歩けば、千里北公園という広大な公園で遊ぶこともできます。

みずから決めた学習計画にしたがう「個別学習」

8時30分から9時のあいだに子どもたちが登校します。バスや電車で通う子もいれば、保護者の車で送ってもらう子もいます。思い思いのリュックサックでの登校です。一般的な小学校のようにランドセルいっぱいに教科書がつまっている感じではありません。ここではいわゆる「置き勉」が基本。教科書の類いは学校に置きっぱなしです。

登校したばかりの子どもたちをみて、私はいきなり感じました。いい意味で緊張感がありません。一般的な小学校や中学校を見学すると、「あれ、なんだか肩に余計な力が入っている子が多いな」と感じることがありますが、ここの子どもたちは、ありのままで、のびのびとしているように感じられます。

小学部は1～3年生の低学年クラスと4～6年生の高学年クラスに分かれます。中学部は3学年で1クラスです。この日は小学部の低学年クラスを中心に見学させてもらいました。

この日いた子どもは17人。そこにスタッフ（先生）が2人つきます。

9時からは「ハッピータイム」。本場のフレネ学校でいうところの「朝の会」です。ベンチに座って車座《くるまざ》になって、先生もふくめたクラスのみんなで「いま思っていること、話したいこと」を一言ずつ発表します。この日は月曜日。週末を挟んでいるので話すことがたくさんあります。自転車でこけてばっかりだった話や家族で遊園地にいった話などが飛び出しました。1人の話が終わると「ハイ！」といって、まわりの子どもが質問します。「お昼は何を食べましたか？」のようにどんな質問でもＯＫです。そうやっておたがいの話に関心をもって耳を傾けるのです。

9時20分からの40分間が1コマ目。「ことば・かず」の時間です。4人または6人のグループで向かい合って学習します。やっていることはみんなバラバラ。『わたしたちのさんすう』は、自学自習がしやすいように考えられた特注教材です。『漢字集中学習』は市販の漢字練習帳。先生は子どもたちのあいだをぐるぐると循環しながらときどきアドバイスします。

自分の課題を終えた子は挙手をして、正しくできているかどうかを先生に確認してもらいます。丸がもらえると、課題を修了し、「学習計画表」に色を塗ります。

算数の課題を終えた女の子は、自由作文にとりかかりました。どうやら集中力が切れてしまった男の子は、途中から読書に切り替えました。模造紙に丁寧に文字を書きこんでいる子どもの隣には、スタッフがほぼつきっきりになっていました。何かの発表の準備が佳境のようです。

9時55分になると、その日何をどこまでやったかを用紙に書いて先生に提出します。子ども一人ひとりが、毎日の学習履歴を書きこんだファイルと学習計画表をもっています。

学校全体でとりくむ「テーマ」の時間

月曜日の2コマ目は本来なら「ことば共同」。自由作文をしたり、哲学的なことをテーマに話し合ったり、芸術作品の鑑賞をしたりする時間です。しかしこの日は火曜日の「テーマ」の時間といれかわりました。火曜日に、落語家さんをお招きして「ことば共同」の授業を行う予定だからです。

「テーマ」は、実はフレネ教育ではなく、第7章で紹介するイエナプラン教育の「ワールドオリエンテーション」に相当する学習です。箕面こどもの森学園では、フレネ教育をベースにしながら、部分的にイエナプランの要素もとりいれています。

その「テーマ」の時間とは、1学期にひとつずつ何かしらの大きなテーマを決めて、みんなで手分けをして調べたり、考えたり、実物を見学しにいったりする学習活動です。最後はみんなで発表します。ポスターやスライドによる発表のほか、劇の形にして発表することもあります。みんなの調べたことを冊子にまとめることもあります。

現在とりくんでいるテーマは「食」。すでに産地直送団体の農場や食品加工場、魚市場やラーメン博物館に見学にいきました。

この日の「テーマ」の時間、低学年クラスは2つのグループに分かれました。ひとつのグループは、教室で発表用のポスターや食品加工場の模型をつくっていました。もうひとつのグループは、「ミーティングルーム」と呼ばれる部屋で実際に料理をつくるための話し合いをしていました。どちらのグループに参加するのかは、あらかじめ子どもたちの希望によって決めました。

料理をつくるグループの話し合いは活発でした。ビーフシチューとチャーハンをつくることまではすでに決まっていたようですが、どんな材料と道具を用意してどんな手順でつくるのかも子どもたちが話し合って決めます。

進行役はスタッフがやっていましたが、スタッフはほとんど自分の意見をいいません。「本当にそれでいいの?」という方向に話が進んでいても、スタッフは止めません。失敗してもいいから、子どもたちが考えたとおりにやらせてみる方針なのでしょう。

話し合いのなかで、お友だちと意見が異なることはあるけれど、先生から「それはまちがっている!」と一方的にダメ出しされることはありません。だからみんな安心して、本当に自分の思っていることを発言できます。

そもそも子どもたちはスタッフのことを「○○ちゃん」と呼んだり、ファーストネームで呼んだりしています。「先生」と「生徒」というかしこまった関係ではありません。

まるで毎日がピクニック

3コマ目も、本来は「スクールワーク」の予定でしたが、「テーマ」の時間になりました。2コマ目のつづきをします。料理のグループは、買いだしや試食会の日程を決め、試食会の会場の飾りつけをつくり始めました。

「スクールワーク」は学校の仕事や行事の準備をする時間です。「遠足のおやつ代はいくらまでにするか」というような議題を話し合います。こどもの森学園ではこのようなことも子どもたち自身で話し合って決めます。

昼休みは1時間20分。たっぷりあります。

昼ご飯はお弁当です。学校のなかの思い思いの場所で、自由なスタイルで食べます。男の子3人組が、お日様がよくあたる屋上テラスの人工芝のうえで食べていました。そこがお気に入りの場所だそうです。まるで毎日がピクニックです。高学年の女子3人組は、ミーティングルームにお弁当をもちこんで、修学旅行について話し合いながら食べていました。スタッフルーム（職員室）のソファで食べている子どもたちもいます。

弁当を食べ終わった子どもたちは、本を読んだり、庭でキャッチボールを始めたり、飼育しているザリガニの水をとりかえたりして、昼休みの残りの時間をすごしていました。何人かの子どもたちは、12時10分に近くの大きな公園まで散歩にでかけました。もちろんスタッフが引率します。自然豊かな市民公園です。広大な芝生で壮大な鬼ごっこがくり広げられていました。みんな汗だくです。

「ここのアスレチック、めっちゃ好き」と男の子がいいました。でも、アスレチックなんてみあたりません。「何のこと?」と尋ねると、男の子が指をさしたのは大きな倒木でした。取材の数カ月前、大阪を猛烈な暴風雨が襲い、大きな木が根こそぎ倒れていたのでした。それをアスレチックにみたて、よじ登ったりくぐったりして遊ぶのが好きなのだそうです。自然災害は恐ろしいものですが、子どもたちにとってみればたしかに天然のアスレチックです。

「手仕事」をおこなう「プロジェクト」

午後の2コマは、「選択プログラム」または「プロジェクト」の時間です。

「選択プログラム」は、スタッフが提案する選択制の科目。これまでに音楽、英語、からだづくり、かず共同、科学実験、環境学習などのプログラムが実施されました。

この日は5コマ目に、「絵を描こう」という選択プログラムが開催されました。外部講師が、イラストの描き方を教えてくれます。「ホール」と呼ばれる広い部屋に、低学年と高学年を合わせて約15人の子どもが集まりました。すでに何度か開催されている人気の連続講座です。女の子ばかりかと思いましたが、半分は男の子でした。この日のテーマは「表情」。講師のひとが描くと、シンプルな線だけでも喜怒哀楽が伝わります。それがなぜなのかを考えながら、シンプルな線でひとの感情を伝える方法を学びました。

「選択プログラム」を選択しなかった子どもたちは、5コマ目も6コマ目も「プロジェクト」の時間です。

「プロジェクト」は、ヴァンスのフレネ学校でいうところの「自由研究」。自分のやりたいと思うことを追求する時間です。手芸、工作、お絵かき、お菓子づくりなどが人気です。フレネのいう「手仕事」に相当します。もちろん算数や理科の勉強を追求してもかまいません。さきほどの「テーマ」が、学校として決めた大きなテーマにみんなで力を合わせてとりくむ探究学習であるのに対して、「プロジェクト」はおのおのの興味・関心に従って個別に進められる探究学習です。

木工室は男の子だけでなく女の子にも人気です。さまざまな木材と木工用の道具がそろっており、好きなものを好きなようにつくることができます。本棚をつくっている子もいれば、戦艦をつくっている子もいます。つきそいのスタッフはいますが、やり方を教えてくれるわけではありません。つくりたいもののつくり方がわからない場合は、自分で本やパソコンを使って調べます。

教室ではアイロンビーズでお魚をつくっている男の子がいました。手芸や編みものをやっている女の子もいます。世界の国旗のカードをつくっている女の子もいました。どういうプロジェクトなのかわかりませんが、ずっと図鑑をみている子もいます。ウール素材を使って、「ぐりとぐら」の人形をつくっている男の子は、よくみれば、さっき大きな公園でいっしょに鬼ごっこをした子でした。

彼らはその日の思いつきで好きなことをやっているわけではありません。「プロジェクトようし」にあらかじめプロジェクトの概要を書いて、それに準じてプロジェクトを遂行しています。

プロジェクトは数日間で終わる場合も数カ月かかる場合もあります。1つのプロジェクトが終わったら、スタッフと相談しながら、また次のプロジェクトを自分で決めるのです。

「プロジェクトようし」には、タイトル、買ってほしい材料、スタートした日、おわった日、気に入っているところ、工夫したところ、むずかしかったところ、スタッフからのコメントなどの記入欄があります。「プロジェクトようし」は、「木工」「手芸」「お絵かき」などのテーマごとにファイルされ、後輩たちへの参考資料となります。学校の財産です。

放課後も残って遊んでいる子が多い

毎週木曜日の4コマ目には「全校集会」があります。ヴァンスのフレネ学校でいうところの「学校協同組合」による「生徒集会」です。すべての子どもが集まり、学校の行事やルールについて話し合います。何かを決めるときには多数決によらず、意見が一致するまでとことん話します。

毎週金曜日の3コマ目には「学習計画」の時間があります。先生と相談しながら新たな学習計画表を作成したり、学習計画をふり返ったりします。

14時40分からは帰りの「ミーティング」です。一言ずつその日のふり返りと報告をします。ミーティングの後はみんなで掃除をして15時には1日が終わります。

体操クラブのユニフォームに着替えて下校する子どもたちが数人いました。学校帰りに習いごとに向かう子どもたちも多いようです。「月曜日と木曜日は公文で、火曜日はバレエで、水曜日はプールで、土曜日はバレエとピアノ」といっている子もいました。住んでいる地域がバラバラなので、放課後にお友だちと遊べないというデメリットがあるようです。そのため、16時までは学校で遊んでいてもいいことになっています。ですから下校時刻になっても多くの子どもたちはそのまま学校でお友だちと遊びます。

おかしなことに「おかしい」といえる子どもたち

放課後の遊びをみていたら、「おじさん、どうやって帰るの？」と男の子たちが声をかけてくれました。「電車で帰るよ」と答えると、「じゃ、駅までいっしょに行こう！」と誘ってくれました。

途中の公園でリュックを投げだし、シーソーをこいだり、ブランコしたり、なかなか駅までたどり着きません。なんだか昭和の小学生みたいな下校風景です。

2人の男の子といっしょに歩いていると、ひとりから唐突に聞かれました。

「なあ、1つ聞いていいか？　なんで学校を休むのはよくて、遅刻はあかんの？」

遅刻したからといって怒られるわけではなさそうです。でも、遅刻だってちゃんと学校にきているんだからお休みよりはベターな状態であるはずなのに、お休みするよりも遅刻するほうが後ろめたいみたいな雰囲気になるのはおかしいじゃないかという議論をしたいようなのです。いわれてみればそのとおりです。

私はこれといった答えをいうでもなく、「なるほどねえ」などと感心して聞いていました。今度はもうひとりの男の子が質問してきました。

「なんで『男なんだから』といわれなあかんの？　女なら男を叩いていいけれど、男は叩かれても仕返しできへんの？」

女の子に仕返ししたいわけではありません。世間にはびこる性別による非対称性を男性の立場から批判しているのです。まさしくジェンダーの問題です。でもこれも、私に「答え」を求めているわけではなさそうです。ほとんどひとりごとのように、自分の感じている「不思議」を共有したかっただけのようです。私は「そうだよな」とだけ答えました。

2人とも自分で「問い」を立て、その問いを問いとして抱えながらたくましく生きています。元気いっぱいのやんちゃ坊主ですが、私には「格好良い頭と何でもできる器用な手」をもっているようにみえました。

「日本の子どもたちもなかなかやるな！」なんて、天国のフレネが微笑んでいるのではないでしょうか。

DATA

箕面こどもの森学園 小学部・中学部

所在地▼大阪府箕面市小野原西
運営者▼認定NPO法人　箕面こどもの森学園
創　立▼2004年
ジャンル▼学校教育法によらない学校型教育施設
対　象▼小学生、中学生

時間割（低学年）

<table>
<tr><th></th><th>月</th><th>火</th><th>水</th><th>木</th><th>金</th></tr>
<tr><td>9:00～9:20</td><td colspan="5">ハッピータイム</td></tr>
<tr><td>9:20～10:00</td><td>ことば・かず</td><td rowspan="2">ことば・かず</td><td>ことば・かず</td><td>ことば・かず</td><td rowspan="2">ことば・かず</td></tr>
<tr><td>10:10～10:50</td><td>ことば共同</td><td>ことば共同</td><td rowspan="2">テーマ</td></tr>
<tr><td>11:00～11:40</td><td>スクールワーク</td><td>テーマ</td><td>プロジェクト／選択</td><td>学習計画</td></tr>
<tr><td>11:40～13:00</td><td colspan="2">昼休み</td><td>ミーティング・掃除</td><td colspan="2">昼休み</td></tr>
<tr><td>13:00～13:45</td><td rowspan="2">プロジェクト／選択</td><td rowspan="2">プロジェクト／選択</td><td></td><td>全校集会</td><td rowspan="2">プロジェクト</td></tr>
<tr><td>13:50～14:40</td><td></td><td>プロジェクト／選択</td></tr>
<tr><td>14:40～15:00</td><td colspan="2">ミーティング・掃除</td><td></td><td colspan="2">ミーティング・掃除</td></tr>
</table>

先生インタビュー

――NPO法人箕面こどもの森学園の代表理事で学園長の辻正矩さんに話を聞きました。大学の教員をしていましたが、日本の教育に疑問をもち、自分も日本に新しい学校をつくろうと決意します。世界のユニークな学校を見学してまわった結果、ヴァンスのフレネ学校がもっともイメージに近いものだったということです。

おおた　現在小学部はすでに定員いっぱいのようですが、入学に際しての審査などはあるのですか。

辻　実際に5日間体験入学してもらって、その様子をみて、うちの学校に合いそうかどうかを判断させてもらいます。1年生の場合は4日間です。

おおた　卒業後の進路は。

辻　小学部の卒業生はほとんどそのまま中学部に進学します。1割くらいが私立中学やインターナショナルスクールに進みます。中学受験をするのなら、中学受験のためのテキストを、「ことば・かず」の時間に進めることもできます。中学部の卒業生のほとんどは普通の高校へ進学します。一部の卒業生は、好きなことをきわめるためにあえて通信制高校を選びます。

おおた 宿題は出るのですか。

辻 漢字練習や計算練習のような宿題は基本的にありません。教科書も学校に置きっぱなしでよいことにしています。夏休みも宿題はありませんが、夏休みの計画を子どもたちが自分で決めます。

おおた フレネ教育は輪郭がとらえづらいですね。

辻 「学習体系のなかに個別学習と共同学習の両方があり、子どもの興味・関心を主体として学習を組み立てられるようになっている。そして共同体への参加意識を大切にする」。このあたりが大きな枠組みだといえると思います。ほかの進歩的な学校と比べると、個人の自立と他人との協働のバランスや、子どもと大人との関係のバランスがとれていて、中庸的だと思います。フレネ自身は戦争経験者で、平和主義者でした。反戦教育の意味合いも強いと思います。

おおた 誤解も多いのでは。

辻 従来の一斉授業型の学校に対して、こういう学校は海外では「オルタナティブスクール」とか「フリースクール」と呼ばれます。でも日本で「フリースクール」というと、不登校児が通う場所というイメージが強い。

おおた たしかに。でも、ここはそうではない。

辻 最初のころは不登校の子どもがやってくるケースが多くありましたが、いまでは最初から普通の学校には通いたくない子どもたちがきてくれるようになりました。

おおた この学校も、もともとは正式な学校としての認可を取ろうとしたのですよね。

辻 ええ。和歌山県などで堀真一郎さんがやっている「きのくに子どもの村学園」という学校法人もありますから、うちもおなじように正式な学校にしたいと思っていたのですが、役所に相談に行ったら、小規模すぎるとか、児童をどうやって確保するのか、学校運営資金はあるのかと聞かれて、学校設置審査基準に合わないといわれました。

おおた もっと学校設立の自由やカリキュラムの弾力性が認められないと、日本では難しいですね。

辻 新学習指導要領には「主体的・対話的で深い学び」（アクティブ・ラーニングの視点からの授業改善）と掲げられており、うちの考え方とまったく一致していると思うのですが。

おおた 本当ですね。

辻 ２０１６年12月に「義務教育の段階における普通教育に相当する教育の機会の確保等に関する法律」が公布されました。私もその策定を求めるメンバーのひとりでした。この法律は、どんな子どもも不登校にならない教育をつくりたいという積極的な思いからスタートしたものですが、結局は不登校になってしまった子どもへの対症療法《たいしょうりょうほう》的な法律になってしまいました。でもここから風穴をあけていきたいと思います。

子育てに役立つヒント

「正解」よりも「模索する姿勢」を示す

フレネ教育の特徴を私なりにまとめれば「バランス」です。「教科学習と生活実感のバランス」「個の尊重と共同体の発展のバランス」「放任主義にも権威主義にも偏らないバランス」……。

第一次世界大戦で負傷し、第二次世界大戦に反政府活動家として収容所に入れられた経験をもつフレネ。政治的な風、産業界からの風、国際的な風、宗教的な風、いろいろな方向から風が吹くなかで、フレネは、不安定なやじろべえを無理矢理ボンドで接着してしまうのではなく、強靱《きょうじん》な精神力をもって常に神経を集中してバランスを保つ方法を模索しつづけた人物だったのだと思います。

おそらく彼の頭のなかには彼なりの「理想の教育」があったのだと私は思うのですが、彼は意地でも「これがベスト」とはいわなかったのではないでしょうか。「正解」を示す代わりに、状況に応じた「最適解」を模索しつづける姿勢を示すことに徹したのです。安易に「正解らしきもの」をねつ造したり、それに飛びついたりするひとではなく、問いを問いとして抱えつづける強さをもつひとこそを育てたかったのでしょう。

子育てをしていると、子どもにあれこれ教えたくなってしまいます。でも本当に必要なのは、「正解」を教えることではなくて、「わかんないなあ」といいながら子どもといっしょに考えつづけることなのかもしれません。

POINT

1 「正解」を示すのではなく、「問い」を自分で立てる力を養うことで、未来の社会を担う成熟した子が育つ。

2 体系的な理論よりも、最先端の機器を活用するなど、教育現場のリアルに応じた創意工夫が重要。

3 自分の興味関心に沿った個別学習と、みんなで協力して大きなテーマにとりくむ探求学習をくみあわせる。

さらに学びたい人へ

フレネ学校の子どもたち

本場ヴァンスのフレネ学校の様子がよくわかる DVD。フレネ教育研究会のホームページから購入可能。

第7章

イエナプラン教育

個人が輝く理想の民主的社会を目指す

イエナプラン教育の概要

創始者・おいたち	ペーター・ペーターゼン　Peter Petersen　1884 ～ 1952 ドイツの中高一貫進学校にあたるギムナジウムの教員だったが、そこでの教育改革が評価され、1923年にイエナ大学の教育学部教授に就任。大学付属の実験校で、独自の研究をもとに、校長のハンス・ウォルフとともに、後に「イエナプラン」と呼ばれるようになる教育実践を始める。1960年代に、オランダの新教育推進組織の書記をしていたスース・フロイデンタールによってオランダに紹介され、発展した。
理念・スローガン	子どもの主体性の尊重、異なる他者の受容、学校共同体。
特徴・キーワード	子どもと社会と学校についての「理想」を掲げた20の原則をコンセプトとして共有し、それを具体的にどう展開するかは、現場の子どもたちの状況に合わせ、個々の教員の自由裁量にまかせる（オープンモデル）。３学年からなる異年齢学級（ファミリーグループ）と４つの基本活動（対話・遊び・仕事・催し）のリズミックな循環による時間割が特徴。「ブロックアワー」では、子どもはそれぞれの発達段階にあわせた週の課題とみずからの挑戦課題を自分の計画に沿って自立的に進める。教科の枠を超えて、本物の事物のシステムを共同で探求するワールドオリエンテーションは、イエナプランのハートと呼ばれる。

「イエナプラン教育」ってどんな教育法？

ドイツで生まれオランダで発展

私たちが住む社会はもはや、トップダウンで一気に変えられるような単純な社会ではありません。時代は急速に変わっているといわれますが、時代の変化に対応するためにまずやらなければいけないのは、社会の変え方を変えることではないかと私は思います。

目指すべき目標を広く社会に共有し、それぞれの立場の人々がそれぞれのやり方でその目標を目指すことによって、全体としていつのまにか大きく変わる。これからはそんなふうに社会を変えていかなければいけないはずです。

教育もしかりです。そしてまさにそのような発想で、教育を変えようとするムーブメントがあります。それがイエナプラン教育です。

ドイツ出身のペーター・ペーターゼンは、大学修了後、日本でいえば中高一貫校にあたる学校の教員をしていました。１９２３年にイエナ大学に着任すると、大学付属の実験校で数々の教育的試みを実践します。1926年にスイスのコカルノで開催された新教育フェローシップの会合でそのとりくみが発表され、その際ペーターゼンの秘書が「イエナプラン」という名称を使用しました。

第二次世界大戦後、イエナは東ドイツ領となりました。共産主義政権による全体主義体制のなかで大学実験校は閉鎖され、ペーターゼンは1952年に亡くなっています。

しかしイエナプランは1960年代になってオランダで発見され、その後独自の発展を遂げていきます。新教育活動組織の書記をしていたオランダ人のスース・フロイデンタール・ルターが、ペーターゼンの死の数年後、彼の著書『小さなイエナプラン』に触れ、オランダに紹介したのがきっかけでした。

オランダでは1917年にすでに「教育の自由」が確立されており、学校と教師の自由裁量権と自立性が広く認められていました。1962年にはオランダで初となるイエナプラン校が誕生しています。1968年にはイエナプラン財団が設立されました。1970年代に入ると、経済成長ばかりを追求する社会への疑問が高まります。そんな社会的風潮のなかで、旧来の画一的な教育法への批判も高まり、新しい教育法が急速に発展します。このような時代の波のなかで、イエナプランへの関心が高まり、また、時代を牽引《けんいん》する教育改革の波をつくっていきました。

現在オランダには、イエナプラン教育を実践する学校が200余りあるといわれています。学校要覧において**「イエナプランの20の原則」**（図1）と**「コア・クオリティ」**を掲載し、教員が、国定の教員免許の他にイエナプラン協会が認定しているイエナプランの教員資格をとって授業実践にあたっている学校のみが、オランダイエナプラン教育協会のメンバーに認められ、その資格証のロゴを学校の入り口に掲示することができます。イエナプラン教育の学校として認可が与えられるかどうかは、最終的には地域のイエナプラン教育の学校の話し合いで決められます。

異学年混合の「生と学びの場」

イエナプラン教育には、独自の教材や教授法はありません。イエナプラン教育とは、教育手法ではなく、教育理念でありコンセプトでありビジョンなのです。その理念を可能なかぎり実現するために、現場の状況に合わせて教員が創意工夫をすることを強く勧める「オープンモデル」の学校です。理念を具現化する教員の力量が問われる教育法だともいえます。

オランダにおけるイエナプラン教育の特徴をみていきましょう。

ペーターゼンは「教師」という言葉を嫌いました。代わりに「教育者」や「養育者」とい

図1 「イエナプランの20の原則」

▶人間について

01. どんな人も、世界にたった一人しかいない人です。つまり、どの子どももどの大人も一人一人がほかの人や物によっては取り換えることのできない、かけがえのない価値を持っています。

02. どの人も自分らしく成長していく権利を持っています。自分らしく成長する、というのは、次のようなことを前提にしています。つまり、誰からも影響を受けずに独立していること、自分自身で自分の頭を使ってものごとについて判断する気持ちを持てること、創造的な態度、人と人との関係について正しいものを求めようとする姿勢です。自分らしく成長して行く権利は、人種や国籍、性別、(同性愛であるとか異性愛であるなどの)その人が持っている性的な傾向、生れついた社会的な背景、宗教や信条、または、何らかの障害を持っているかどうかなどによって絶対に左右されるものであってはなりません。

03. どの人も自分らしく成長するためには、次のようなものと、その人だけにしかない特別の関係を持っています。つまり、ほかの人々との関係、自然や文化について実際に感じたり触れたりすることのできるものとの関係、また、感じたり触れたりすることはできないけれども現実であると認めるものとの関係です。

04. どの人も、いつも、その人だけに独特のひとまとまりの人格を持った人間として受け入れられ、できる限りそれに応じて待遇され、話しかけられなければなりません。

05. どの人も文化の担い手として、また、文化の改革者として受け入れられ、できる限りそれに応じて待遇され、話しかけられなければなりません。

▶社会について

06. わたしたちはみな、それぞれの人がもっている、かけがえのない価値を尊重しあう社会を作っていかなくてはなりません。

07. わたしたちはみな、それぞれの人の固有の性質(アイデンティティ)を伸ばすための場や、そのための刺激が与えられるような社会をつくっていかなくてはなりません。

08. わたしたちはみな、公正と平和と建設性を高めるという立場から、人と人との間の違いやそれぞれの人が成長したり変化したりしていくことを、受け入れる社会をつくっていかなくてはなりません。

09. わたしたちはみな、地球と世界とを大事にし、また、注意深く守っていく社会を作っていかなくてはなりません。

10. わたしたちはみな、自然の恵みや文化の恵みを、未来に生きる人たちのために、責任を持って使うような社会を作っていかなくてはなりません。

▶学校について

11. 学びの場（学校）とは、そこにかかわっている人たちすべてにとって、独立した、しかも共同して作る組織です。学びの場（学校）は、社会からの影響も受けますが、それと同時に、社会に対しても影響を与えるものです。

12. 学びの場（学校）で働く大人たちは、1から10までの原則を子どもたちの学びの出発点として仕事をします。

13. 学びの場（学校）で教えられる教育の内容は、子どもたちが実際に生きている暮らしの世界と、（知識や感情を通じて得られる）経験の世界とから、そしてまた、〈人々〉と〈社会〉の発展にとって大切な手段であると考えられる、私たちの社会が持っている大切な文化の恵みの中から引き出されます。

14. 学びの場（学校）では、教育活動は、教育学的によく考えられた道具を用いて、教育学的によく考えられた環境を用意したうえで行います。

15. 学びの場（学校）では、教育活動は、対話・遊び・仕事（学習）・催しという4つの基本的な活動が、交互にリズミカルにあらわれるという形で行います。

16. 学びの場（学校）では、子どもたちがお互いに学びあったり助け合ったりすることができるように、年齢や発達の程度の違いのある子どもたちを慎重に検討して組み合わせたグループを作ります。

17. 学びの場（学校）では、子どもが一人でやれる遊びや学習と、グループリーダー（担任教員）が指示したり指導したりする学習とがお互いに補いあうように交互に行われます。グループリーダー（担任教員）が指示したり指導したりする学習は、特に、レベルの向上を目的としています。一人でやる学習でも、グループリーダー（担任教員）から指示や指導を受けて行う学習でも、何よりも、子ども自身の学びへの意欲が重要な役割を果たします。

18. 学びの場（学校）では、学習の基本である、経験すること、発見すること、探究することなどとともに、ワールドオリエンテーションという活動が中心的な位置を占めます。

19. 学びの場（学校）では、子どもの行動や成績について評価をする時には、できるだけ、それぞれの子どもの成長の過程がどうであるかという観点から、また、それぞれの子ども自身と話し合いをするという形で行われます。

20. 学びの場（学校）では、何かを変えたりより良いものにしたりする、というのは、常日頃からいつでも続けて行わなければならないことです。そのためには、実際にやってみるということと、それについてよく考えてみることとを、いつも交互に繰り返すという態度を持っていなくてはなりません。

う言葉を使用しました。オランダのイエナプラン教育では、教員のことを**「グループリーダー」**と呼びます。

イエナプラン教育では、学校や教室を「生と学びの場」ととらえています。「生」は「生命」「生きる」の意味です。そして「教室」のことを**「リビングルーム」**と呼びます。「くつろぐ場所」というよりは「生活の場」というニュアンスです。

「マルチエイジ（異学年学級）」が前提です。オランダでは4歳から12歳の8年間が小学生。4〜6歳、6〜9歳、9〜12歳と、2〜3学年分がおなじリビングルームで学びます。逆にいえば、3年間おなじリビングルームで過ごすなかで、いちばん下、真ん中、いちばん上という立場を経験します。

おなじリビングルームで学ぶ生徒たちを**「ファミリーグループ」**と呼びます。各ファミリーグループには「元気なイルカさんたち」のような愛称がつけられます。スポーツチームに「ベアーズ」とか「タイタンズ」とか愛称がついているのと似ています。リビングルームは愛称にちなんで飾りつけられます。毎年、全体の3分の1の子ども（年長者）が出て、新しく3分の1（年少者）が入ってくることにより、そのファミリーグループの文化が継承と変革を重ねます。

子どもたちが勉強する机と椅子は、黒板に向かって並んでいるのではなく、4〜5人の

「テーブルグループ」で向かい合うように配置されます。テーブルグループも、マルチエイジで構成され、年長者が年少者の面倒をみたり、教えたりということが、自然におこるようになっています。マルチエイジには、「できる子」「できない子」の固定化を防ぐ効果もあります。

リビングルームには、読書のためのソファが置かれていたり、作業用の大きめなテーブルが置かれていたり、コンピューターコーナーがあったりもします。

自立学習方式の「ブロックアワー」

基礎的な教科学習については、黒板を前にしての一斉指導ではなく、自立学習を中心に進めます。そのようなスタイルの授業時間のことを**「ブロックアワー」**と呼びます。学年の違う子たちが違う課題にとりくむのはもちろんのこと、おなじ学年の子でも、それぞれの状況に応じた課題に個別にとりくみます。

各自がとりくむ課題は、毎週グループリーダーと相談しながら各自が作成する**「タスク計画表」**にしたがいます（図2）。それぞれの子どもは、自分の発達段階に応じた課題をグループリーダーからもらい、それをもとに、自分で1週間の学習計画をたてます。リビンググル

図2　ある子ども（グループ6＝小学4年生）の週間タスク計画表

タスク	月曜	火曜	水曜	木曜	金曜
お話づくり	今週からまた新しいお話づくりを始める!!				
読み	5ページ	5ページ	5ページ	5ページ	5ページ
作文	1週間で2ページ作文				
スペリング		問題集 20ページ		問題集 20ページ	
		書き取り テスト3		書き取り テスト4	
プロジェクト	リンブルグ地方について調べてまとめる				
算数	第56課	第56課	第57課	第57課	第57課の 追加課題
		ミニテスト		ミニテスト	
ヴァリア（パズル感覚の算数追加課題）	No.10				
	時間が余ったら挑戦しよう				
地図・地方 地図練習帳の13～14ページ、北ホラント地方のところを勉強する					
課題を終えたら、その欄を色鉛筆で塗りつぶそう					
注意事項 時間を上手に使おう 課題に取り組み始めたらすぐに必要な道具を取り出してこよう できるだけ丁寧に、注意深く仕事を進めよう					

出典：『オランダの個別教育はなぜ成功したのか』（リヒテルズ直子著、平凡社刊）

ームにはレベルに応じた教材が用意されており、子どもたちが自由にとりだして使用することができます。

ブロックアワーでは、子どもたちが自律的に学ぶほか、必要に応じて、グループ・リーダーが10人くらいの子どもたちを集めて「インストラクション」と呼ばれる指導をします。

1回で理解できた子は自分の机に戻って自分の課題を進めます。理解できなかった子はもう1回説明を聞きます。それでもわからない場合にはもう1回説明します。

インストラクション以外の時間、グループリーダーは自立学習を進める子どもたちの机のあいだをまわり、適宜はげましたり、アドバイスを与えたりします。インストラクションで理解が不十分だった子どもには、特に手厚くフォローします。

できる子にはどんどんレベルの高い問題にとりくませる。なかなかできない子には、じっくりと時間をかけて基礎を教える。シンプルかつ合理的です。

自立学習とインストラクションのサイクルをまわすには、50分間程度の授業では時間が足りないので、ブロックアワーは通常の1時限より長い時間を使って実施されます。

探究的・対話的な「ワールドオリエンテーション」

計算練習や文法問題あるいは理科や社会でも基礎知識の暗記などはブロックアワーに各自がマイペースに進めますが、子ども同士の対話や探究活動が必要な発展的な学習については**「ワールドオリエンテーション」**という枠組みのなかで進めます。既存の問いの答えを覚えるのではなく、自分の内発的な問いを引き出し、それをもとに探求することを学ぶ時間です。

日本の「学習指導要領」でいえば「総合的な学習の時間」に似ていますが、イエナプランではワールドオリエンテーションこそが学校の活動の中心、すなわちハートです。一定期間行われるワールドオリエンテーションのテーマは、ブロックアワーで行われる教科学習のほか、サークル対話や催《もよお》しなどにも一貫してとりいれられます。

たとえば「北極体験旅行」というテーマで、教科横断的に、ホンモノ志向で、対話的に、探究的に、各々の好奇心や自発性にもとづいて授業が進められます。授業というよりはプロジェクトといったほうがふさわしいでしょう。

第6章で紹介した「箕面こどもの森学園」の「テーマ」の時間は、イエナプラン教育の「ワールドオリエンテーション」の発想をとりいれたものです。

このような自由度の高い授業を効果的に進めるのはとても大変なことです。そこで、オランダのイエナプラン教育研究グループと国立カリキュラム開発研究所は、ワールドオリエンテーションのカリキュラムを作成しました。

ワールドオリエンテーションの活動は、**「7つの経験領域」**に分類されています。「つくることと使うこと」「環境と地形」「巡る1年」「技術」「コミュニケーション」「ともに生きる」「私の人生」の7つです。カリキュラムでは、領域ごとに、とり扱うことのできるテーマの具体例を示し、それぞれのテーマについて、具体的な教材や教育方法を示しています。

最近日本でも流行の「アクティブラーニング」や「プロジェクト型学習」のお手本のようなものです。

成績表も、日本のそれとはまったく違います。通知表には、子ども自身が記入した自己評価とそれに対するグループリーダーのコメントが書かれています。点数を他人と比べたりはできません。通知表は、作文や絵などの作品がまとめられた「ポートフォリオ」と呼ばれるファイルとともにわたされます。

民主的市民を育てる「サークル対話」

イエナプランの学校では、教科学習だけが学校の役割ではないと考えられています。「リビングルーム」という言葉が示すとおり、学校を、生活の場として、他者との対話の場としてとらえています。

そのために、1日の学校生活のなかに**「サークル対話」**という時間を必ず設けています。輪になって、全員がおたがいの顔を見られる状態に座り、話し合うのです。

多くの場合、「始業のサークル」と「下校時のサークル」の1日最低2回行われています。それぞれ、子どもが気づいたこと、考えたことを、自由に話したり、ふり返ったり、意見をいい合ったりします。

それ以外にも朗読の練習を兼ねた「読みのサークル」、自分の作文を発表する場を兼ねた

「作文サークル」、ワールドオリエンテーションに関連した「観察サークル」や「報告サークル」が行われます。ブロックアワーの途中でグループリーダーが行うインストラクションのことを「インストラクション・サークル」や「イントロダクション・サークル」と呼んだりもします。

もちろん、ファミリーグループ内で問題がおこり、それを解決するために話し合うときにも、サークル対話が開かれます。つまりサークル対話という独立した時間だけがあるわけではなく、コミュニケーションや学びの手法としてのサークル対話をいたるところで積極的にとりいれているということです。

サークル対話は、話すだけではなく、ひとの発言を終わりまで聞く練習でもあります。ひとりが発言しているときには口を出さないこと、最後まで聞くことなどのルールがあります。また、グループリーダーが指名して発言させることはありません。

こうして子どもたちは、民主主義社会の基本となる対話そして合意形成のマナーを学んでいきます。

対話を重視する一方で、ペーターゼンは、言葉の氾濫が学習活動の目的を不明瞭にする危険性を指摘していました。グループリーダーは、学校を、静かで安心して学べる心地よい環境にするように努めます。同時に、グループリーダー自身も、子どもたちに怒鳴るようなことはありません。

子どものバイオリズムに合わせた時間割

イエナプラン教育の学校では、教科による時間割がない代わりに、教育活動の形態によって時間割が組まれています（図3）。

時間割をつくるときには、**「対話」「遊び」「仕事」「催し」の4つの教育活動**をリズミカルに循環させることを意識します。教員の都合によって時間割を決めるのではなく、子どもたちのバイオリズムを尊重した時間割をつくるのです。

「対話」はサークル対話に象徴されますが、何気ない普段の会話もふくまれます。ひととひととのコミュニケーションを大切にするということです。

休み時間だけでなく、ワールドオリエンテーションやブロックアワー内の学習活動に「遊び」の要素がふくまれることもあります。幼児のグループでは、「遊び」が1日の活動の大半を占めます。

「仕事」は、「一生懸命に何かにとりくむ」というニュアンスです。主にはブロックアワーやワールドオリエンテーションでの活動があてはまります。

図3 リズミカルな時間割の一例

<table>
<tr><th></th><th>月曜日</th><th>火曜日</th><th>水曜日</th><th>木曜日</th><th>金曜日</th></tr>
<tr><td>8:30- 8:45</td><td rowspan="2">オープニング・サークル</td><td rowspan="4">算数の授業</td><td rowspan="6">体動教育（水泳）</td><td rowspan="4">算数の授業</td><td rowspan="4">算数の授業</td></tr>
<tr><td>8:45- 9:00</td></tr>
<tr><td>9:00- 9:15</td><td rowspan="2">週初めの読書サークル</td></tr>
<tr><td>9:15- 9:30</td></tr>
<tr><td>9:30- 9:45</td><td rowspan="3">読解力・文法の授業</td><td rowspan="2">WO 研究の仕方・調べ方</td><td rowspan="2">芸術教育（視聴覚）</td><td rowspan="2">芸術教育（ダンス）</td></tr>
<tr><td>9:45-10:00</td></tr>
<tr><td>10:00-10:15</td><td>朗読の時間</td><td>朗読の時間</td><td>朗読の時間</td><td>朗読の時間</td></tr>
<tr><td>10:15-10:30</td><td>朗読の時間</td><td>中休み</td><td>中休み</td><td>中休み</td><td>中休み</td></tr>
<tr><td>10:30-10:45</td><td>中休み</td><td rowspan="6">静かに学習する時間（スペリングと作文）</td><td rowspan="4">芸術教育（文章を作る）</td><td>催しの準備</td><td rowspan="2">発表報告サークル</td></tr>
<tr><td>10:45-11:00</td><td>読解力（続き）</td><td rowspan="5">体動教育</td></tr>
<tr><td>11:00-11:15</td><td rowspan="4">算数の授業</td><td rowspan="4">ブロックアワー</td></tr>
<tr><td>11:15-11:30</td></tr>
<tr><td>11:30-11:45</td><td rowspan="4">ブロックアワー</td></tr>
<tr><td>11:45-12:00</td></tr>
<tr><td>12:00-12:15</td><td rowspan="4">昼休み</td><td rowspan="4">昼休み</td><td rowspan="4">昼休み</td><td rowspan="4">昼休み</td></tr>
<tr><td>12:15-12:30</td></tr>
<tr><td>12:30-12:45</td><td rowspan="10"></td></tr>
<tr><td>12:45-13:00</td></tr>
<tr><td>13:00-13:15</td><td rowspan="3">芸術教育（演劇）</td><td rowspan="2">観察サークル</td><td rowspan="3">芸術教育（音楽）</td><td rowspan="4">ブロックアワー</td></tr>
<tr><td>13:15-13:30</td></tr>
<tr><td>13:30-13:45</td><td rowspan="6">芸術教育（工作）</td></tr>
<tr><td>13:45-14:00</td><td rowspan="5">ワールドオリエンテーション（WO）</td><td rowspan="5">ブロックアワー</td></tr>
<tr><td>14:00-14:15</td><td rowspan="2">週末の催し</td></tr>
<tr><td>14:15-14:30</td></tr>
<tr><td>14:30-14:45</td><td rowspan="2">静かに読書</td></tr>
<tr><td>14:45-15:00</td></tr>
</table>

出典：『オランダの個別教育はなぜ成功したのか』（リヒテルズ直子著、平凡社刊）

年間行事やお誕生日のお祝いだけでなく、ミニ学芸会のような「催し」が毎週のように開催されます。「催し」には、共同体として喜怒哀楽を共有したり一体感を体験したりする狙いがあります。

オランダの「イエナプラン教育」についてのインタビュー

――執筆時点で、日本での実践例はありません。そこで、日本にイエナプラン教育を紹介し、啓蒙活動をつづけてきた、オランダ在住の教育・社会研究家のリヒテルズ直子さんにオランダでの実践について話を聞きました。リヒテルズさんは、2010年に発足した日本イエナプラン教育協会の初代代表を務め、現在は特別顧問をしています。

おおた　イエナプランはメソッドでなくコンセプトであるといわれます。

リヒテルズ　現場の教育者たちはとかく「形」にとらわれて、それを理念に先行させたり、理念を考えることなく形だけまねしたりしてしまいがちです。最近の例でいえばアクティブラーニングがそのわかりやすい例でしょう。しかし教育は、人間像についてのビジョンなしに語れないものです。イエナプランでは、理念に適合する「形」は何かと求めます。そこで生まれている形は、場合によっては、一時的であるかもしれません。しかしメソッドを優先させると、その形にとらわれ、目の前の状況やニーズについて自分で考えることのない教師をつくってしまうことになります。それこそイエナプランが戦おうとしているものです。

おおた　イエナプランの理念として、フロイデンタールは「8つのミニマム条件」を示しました。その後それが「20の原則」に進化し、さらに現在オランダイエナプラン教育協会では「12のコアクオリティ」を示しているようですね。

リヒテルズ　ペーターゼンよりもフロイデンタールが、理念をそのような形で明示することを重視していました。「12のコアクオリティ」は、『学習する組織』のピーター・センゲと『EQ　こころの知能指数』のダニエル・ゴールマンの共著『The Triple Focus』で提唱されている、これからの教育の目的と見事に一致しています。欧米の別なく、今日先進国がポスト産業社会の教育として目指しているものがおなじであることを確認できると思います。

おおた　国が法律で定めている教育の中核目標とは別に、それよりも大きな目標として、オランダイエナプラン教育協会では「7つのエッセンス」なるものも示していますね。(1)物事にみずから積極的にとりくみ、(2)計画を立てることができ、(3)他者と協働でき、(4)何かを生み出すことができ、(5)それをプレゼンテーションでき、(6)自分の努力について考えたりふり返ることができ、(7)責任を負うことができ、また、負いたいと考えられる人間。

リヒテルズ　「人間」として子どもを成人させるうえでのコンピテンシー（行動特性）のリストのようなものです。また、イエナプラン教育では、違いの豊かさ、違いから学ぶ、子どもの個別の特性という観点から、ハーバード大学のハワード・ガードナーが提唱したマルチプルインテリジェンスの考え方を大変重視しています。人間の知能は多因子が構成するものだという多重知能説です。ガードナーは「言語能力」「論理的数学的能力」「空間能力」「身体・運動能力」「音感能力」「人間関係形成能力」「自己観察・管理能力」「自然との共生能力」の８つの知能の存在を挙げています。

おおた　現在オランダでは、国内に約６０００ある小学校のうち、２００校余りでイエナプラン教育が行われているということですが、オランダの人々にとってイエナプラン教育はどのような存在なのでしょうか。

リヒテルズ　「イエナプランスクール」と呼ばれるには厳しい条件がありますが、実際には、「ワールドオリエンテーション」や「サークル対話」などを、ほとんどすべての学校が実施しています。オランダにはイエナプラン教育以外にもユニークな教育法を採用している学校が多数あるので、イエナプランだけが特別という印象はもたれていません。旧来型の画一的一斉授業で十分に良い成績をだすことができる子どもは普通の学校にいきますが、子どもの個性を引きだしたいと思っているご家庭のお子さんはイエナプランなどの学校に通わせる傾向があるように思います。

おおた　リヒテルズさんのＤＶＤのなかで、イエナプラン教育の学校と普通の学校の両方を併設する「ワイドスクール」という施設が紹介されていました。なぜおなじ場所にわざわざ2種類の学校をつくるのでしょうか。

リヒテルズ　オランダでは、教育を選択できる権利が保障されているからです。異なる教育を行う複数の学校から選択できるようにするのが教育行政の責任です。

おおた　人気の学校に生徒が集中してしまった場合はどうするのですか。

リヒテルズ　公立の学校はすべて受けいれなければなりません。私立学校の場合はウェイティングリストの早い者順で入学が認められます。

おおた　学校によって採用している教育法が違うと、教員に求められるスキルも変わりますね。

リヒテルズ　オランダでは学校ごとに教員を採用し、原則的に異動はありませんからおなじ学校に何十年と勤めます。ですから専門性が高められますし、教職員チームの安定性も高い。ただし、他校の実践を知らない、変革意欲をもたない教員が生まれやすいという負の側面もあります。また、ワークシェアリングが浸透しているがゆえ、2人の教員が1つのクラスを担任するケースが多い。結果として教員の女性比率が高くなってしまっており、子どもたちが大人の男性に触れる機会が少ないという問題もあります。

おおた　日本の中学校・高等学校にあたる中等教育段階では、イエナプランがそれほど普及していないのはなぜでしょうか。

リヒテルズ　中等教育は構造的に、産業型社会や高等教育進学への試験制度からの影響を受けやすく、教員も科目別専門教員として採用されることが多いからという理由が考えられます。

おおた　教育の多様性を訴えているリヒテルズさんですが、同時にご著書のなかで、安易な教育自由化に対しては警鐘《けいしょう》を鳴らしています。

リヒテルズ　これまで受験産業に寄生してきた塾産業が、少子化により、オルタナティブ教育をふくむ、学校に代替する教育機関を目指したり、子どもから高齢者に対象を変えて高齢化福祉に参入したりしています。しかし公共政策を株式会社などの営利企業に任せると、受益者の利益に格差がでてしまい、社会が不安定になることがわかっています。ですから安易な株式会社経営には強く反対せざるを得ません。

おおた　リヒテルズさんは数々のご著書のなかで、公教育のあり方に新しい視点を提案しています。

リヒテルズ　《公立校は変わらなくてもどこかほかでやってくれると考え、変わる努力をしなくなる→金銭的に余裕のある家庭の子どもだけがより良い教育の機会を得る→力があっても金銭的に豊かでないためにより良い発達をできない子どもが増える→社会が、機会のある子どもと機会のない子どものあいだで分断する↓社会に背を向けるひとが多い、住みにくい世の中になる↓エリート層が社会の弱者のために働くのではなく、エゴイズムに支配される↓優れた人材の国外流出↓社会改革のビジョンと人材がますます少なくなる↓市民社会、国家の崩壊……》という連鎖が、現実にすでに日本でおきているのではないでしょうか。

おおた マレーシア、ケニア、コスタリカ、ボリビア、そしてオランダとさまざまな国に住まれて、いろいろな教育をご覧になったリヒテルズさんから、日本の読者へのメッセージをお願いいします。

リヒテルズ グローバルな時代といいますが、携帯電話ひとつあれば世界とつながることができる時代でもあるわけですから、世界に対する興味さえ養えれば、日本にいながらにしてできることもたくさんあるわけです。また、これからはダイバーシティの時代ですから、みんなをおなじように育てる教育ではなく、自分の個性をみつけて伸ばすことで共同社会のなかに居場所をみつけることができる教育が、これからますます求められるようになると思います。子どもには成長する力が備わっているので、それをみつけて引きだしてあげるのが大人の役割だと思います。

日本初の「イエナプラン校」についてのインタビュー

——2019年4月、イエナプラン教育を実践する日本初の学校「大《おお》日《ひ》向《なた》小学校」が、長野県の佐《さ》久《く》穂《ほ》町《まち》に誕生します。建学の精神は、「誰もが、豊かに、そして幸せに生きることのできる世界をつくる」。文部科学省が認める正式な私立小学校としての誕生です。開校を前にして、理事の中川綾さんに話を聞きました。中川さんは、日本イエナプラン教育協会の理事でもあります。

おおた　日本の学校制度には規制が多く、ヨーロッパで実践されている進歩的な教育をとりいれるのは難しい印象があります。

中川　イエナプラン教育は「コンセプト」なので、学習指導要領と両立できると私自身は考えていました。モデル校を「フリースクール」として始めてしまうと、「イエナプランは公教育ではできない教育」と見られてしまうのではないかという懸念もありました。今回、私立学校でイエナプラン教育ができるようになるわけですから、公立の学校でもできるはずです。

おおた イエナプラン教育では、異学年のファミリーグループが組織されるはずですし、教科による時間割がないはずですが、学習指導要領との整合性はどのように考えられるのですか。

中川 正式な「学級」としては1年生は1年生のクラス、2年生は2年生のクラスというように、通常の小学校と同様に組織しますが、「教育活動」としては異年齢の子どもがいっしょに学べるようにします。どこの学校でもやっている「縦割り活動」を拡大したものだととらえていただければいいと思います。また、ブロックアワーやワールドオリエンテーションの時間を、教科横断型のカリキュラムマネジメントとして時数計算をします。学習計画表と学習履歴を残し、それぞれの子どもが各教科に十分な時間を使っていることがわかるように、きちんと記録を残していくしくみもつくる予定です。

おおた 教員研修はどのように行ったのですか。

中川 現職の小学校教員を中心に応募があり、1年以上前から研修を重ねて準備しています。オランダに研修にいった先生もいます。

おおた 入学者の選抜は行うのですか。

中川 入学希望者多数であれば抽選を行います。

おおた 学費はどの程度になるのでしょうか。

中川　高所得のご家庭しか通わせられないような学校にはしたくないので、一般的な私立幼稚園に通わせるのとそれほど変わらないくらいの学費設定を考えています。

おおた　のちのちは中学校も設置したいと考えていらっしゃるようですが、幼稚園の予定はないのですか。

中川　幼児教育に関しては、すでにある日本の幼稚園でも十分に良い教育がされている場合が多いと思いますので、優先順位は高くないと考えています。

DATA

大日向小学校

所在地▼長野県佐久穂町
運営者▼学校法人茂来学園
創　立▼２０１９年
ジャンル▼私立小学校
対　象▼小学生

1日の流れ（イメージ）

8:30〜8:45	サークル（対話）
8:45〜9:30	国語
9:30〜10:15	算数
10:15〜10:45	おやつ・外遊び
10:45〜11:30	音楽
11:30〜12:15	図画工作
12:15〜12:45	ランチ
12:45〜13:15	外遊び
13:15〜14:00	理科
14:00〜14:45	特別活動（催し）
14:45〜15:00	サークル（対話）

子育てに役立つヒント

「わが子だけ」から社会全体に視野を広げる

イエナプラン教育とは、多様な人々がおたがいを尊重し合いながら暮らせる民主的な社会を維持発展させていくための理想の学校を目指していこうとする大きなムーブメントといえるのではないでしょうか。

それゆえに、「おうちでできるイエナプラン」というのはちょっとイメージしにくいのですが、イエナプラン教育が掲げる20の原則や7つのエッセンスなどは、保護者としても頭の片隅に置いておき、教育について考える際の指針にするとよいでしょう。

ペーターゼンは著書『小さなイエナプラン』のなかで次のような言葉を述べています。

将来どんな政治的、経済的な状況が生じるか、私たちはだれも知らない。未来は、人々の不満、利益追求、闘争、そしていまの私たちには想像のできない新たな経済的、政治的、社会的状況によって決まるだろう。けれども、たった1つ確信をもっていえることがある。すべての厳しく険しい問題は、問題にとりくんでいこうとする人々がいて、彼らにその問題をのりこえるだけの能力と覚悟があれば、解決されるだろう、ということを。この人たちは、親切で、友好的で、おたがいに尊重する心をもち、人を助ける心構えができており、自分に与えられた課題を一生懸命やろうとする意思をもち、人の犠牲になる覚悟があり、真摯で、嘘がなく、自己中心的でない人々でなければならない。そして、その人々のなかに、不平を述べることはなく、ほかの人よりもより一層働く覚悟のある者がいなくてはならないだろう。

親として子どもの教育を考えると、どうしても自分の子どもをどう育てるかということにばかり意識が向いてしまいがちになるのはしょうがないと思います。しかし、いくら自分の子どもにいい教育機会を与えることができたとしても、社会全体の教育が荒廃し、良い市民が育たないようでは、わが子も安心して幸せに暮らすことが難しくなります。

親として本当にわが子の将来を考えるならば、社会全体の教育のあり方についても考え、責任をもたなければいけなくなるはずです。そのことに気づくこと自体が、親としての成長につながるのだと私は思います。

POINT

1
異学年の子どもたちを交流させることで、「できない子」の固定化を防ぎ、教えあいの雰囲気が自然と生まれる。

2
自立学習とインストラクションのサイクルによって、子どもたちの進度が違っても手厚くフォローできるようになる。

3
バランスのとれた子育てのためには、「対話」「遊び」「仕事」「催し」の4つの活動のリズムを意識する。

さらに学びたい人へ

明日の学校に向かって
オランダ・イエナプラン教育に学ぶ
リヒテルズ直子監修・出演、一般社団法人グローバル教育情報センター
リヒテルズ直子さんによる解説授業形式で、オランダのイエナプラン教育の実状がよくわかるDVD。日本イエナプラン教育協会のホームページから購入可能。

おわりに

「どんな教育法ならうちの子の学力を上げられるのか？」という観点でいえば、本書から得られる収穫は少ないかもしれません。

一般的なテストで良い点数をとることを〝学力が高い〟とするのなら、もっともてっとり早くて確実な方法は、テストに合わせた問題集をガリガリやることです。本人がどれだけ努力するかです。はっきりいって、教育法なんてほとんど関係ありません。

筋トレに似ています。いかにすぐれたメソッドのあるジムに入会しても、通うだけで筋肉がつくわけではありません。結局のところ、本当に効果がでるかどうかは、本人がどれだけ身体を動かすかにかかっています。同様に、どんな教育法を選んだって、ただ通うだけで成績が上がるなんてことはないんです。要するにどれだけ自分で手を動かしたかです。

テストで高得点をとることを〝勝ち〟とするならば、大量の課題をこなす処理能力と忍耐力、そして与えられた課題に疑問を抱かない力が有利に働きます。この3条件をもつひとが、日本の受験システムの〝勝ち組〟になりやすい。

たしかに大きな目的をもった大きな組織に所属して、その一員として自分の意志や個性を脇に置いて仕事できる大人を育てるなら、そのようなルールは非常に合理的かもしれません。

しかし「そもそもそれって意味あるんだっけ?」「そのルール自体を変えませんか?」と、本書で紹介した各教育法は私たちに問いかけているのです。本書を著すなかで得た私にとってのいちばんの発見は、いまと１００年前とを比べても、教育者の嘆きや問題意識が恐ろしいほどに変わっていないという事実です。

既存の枠組みにそぐう「材料」としての人間を育てることを、「人材育成」といいます。でもそれは「教育」とは似て非なるものです。

そうではなくて、もって生まれた個性をそれぞれに伸ばし、提供し合い、主体的に新しい社会の枠組みをつくる、すなわち未来をつくることのできるひとたちを育てる「教育」を真剣にやりましょうというのが、これらの教育法に共通する理念なのです。

モンテッソーリ教育を受ければ中学受験で有利になるのかとか、イエナプランを採用すれば国際学力調査で世界1位になれるのかとか、そういう目的ありきの発想では、本書で紹介した教育法はその力を十分に発揮できないでしょう。

テストで点をとるのが得意な個性をもって生まれた子どもなら、これらの教育を受けることで、その才能が伸ばされるでしょう。でもおなじ教育を受けたとしても、たとえば芸術の才能がある子どもなら、テストの点ではなく芸術の才能が伸びるはずです。スポーツが得意ならスポーツの才能が伸びるはずです。

そしてその才能を、どのようにすれば他人の役に立てることができるのか、すなわち社会に還元できるのかを実践的に学ぶところが、「学校」なのだろうと思います。

「先行き不透明なこれからの時代を生きる子どもたちには、どんな能力が求められますか？」というような質問をよくされます。私は毎回次のように答えます。

「そこそこの知力と体力。そして、やりきる力。ここまであれば、個体としての生きる力は十分。でも特に先行き不透明な時代には独りでは生きられない。そこで必要になるのが、自分にはない能力をもつひとたちとチームを組んで協働できる力。つまり、そこそこの知力と体力、さらに、やりきる力と、自分にはない能力をもつひとたちとチームを組んで協働できる力があれば、どんな時代になっても生きていける」

いわゆる「生きる力」と「生きるためのスキル」は違います。「これからの時代には、英語ができなきゃ始まらない、プログラミングもできなきゃ不利、プレゼンテーションが重要……」などとよくいわれますが、これらは所詮は「生きるためのスキル」にすぎません。

たしかに時代によって必要なスキルは変わります。でも、それを予測するのは不可能です。先行き不透明な時代なのですから。

予測が不可能だからと、「生きるためのスキル」をあれもこれも子どもに与えるのは、使うかどうかもわからないアプリをスマホにやたらとインストールするようなものです。いくらアプリをインストールしたって、スマホそのものの性能が悪かったら、新時代では使いものになりません。

必要なのはたくさんのアプリをインストールしておくことではなくて、スマホそのものの性能を上げていくことです。そうしておけば、来たるときに必要な最新のアプリをさくっとダウンロードして使いこなすことができるはずです。

「将来ＡＩに仕事を奪われないためには、どんな教育が必要でしょうか？」という質問もされます。次のように答えます。

「どんな教育でもいいのですが、肝心なのは、いっしょに働きたいと思われるひとになることです」

要するに、これからの学校教育の役割は、いや、本来の学校教育の役割とは、みんなおなじように能力を高めクラスの平均点を上げることでなく、それぞれに個としての能力を高め、自分の得意・不得意を自覚し、社会のなかで自分をうまく活かせる場所をみつける能力を養うことだといえるのです。

全国津々浦々どこでも最高レベルの映像授業が受けられるとか、ＡＩを利用して個別の習熟度に応じた課題を設定するしくみとか、インターネットでネイティブスピーカーとマンツーマン英会話ができるとか、時代の最先端をいくようなとりくみも結構ですが、それ以上に本質的なのは、個々の違いを認めて、個性を補い合うことのできる環境を整えることです。

しかし日本の学校制度がそうなるには、まだまだ時間がかかりそうです。ではどうしたらいいか。

親の心のなかにモンテッソーリやシュタイナーやフレネやサドベリー的視点があれば、日本の学校が本書で紹介したような学校とは大きく違う状況にあったとしても、不足を補うことができ、子どもは「自分らしく」育つ。無数にある幸せになる方法のなかから自分なりの方法をみいだす。だって子どもたちには「みずから育つ力」が備わっているから。子どもの近くにいるだれかがそれを心の底から信じて見守っていてくれることが、子どもの「みずから育つ力」を活かす最強の方法だから。私はそう思います。

その意味で、ひとりでも多くの親御さんの教育的視野を揺さぶり、広げることができたのだとしたら、本書を著した意味が大いにあったと思います。

そうはいっても、社会として、学校も変えていかなければなりません。たとえわが子が子どものうちには間に合わなくても。

そのときに足枷《かせ》となるのが、社会全体にはびこる「あたりまえ」です。

ひとはだれでも、自分が受けてきた教育を「あたりまえ」だと思ってしまいます。だから、「学校には行くもの」「先生の命令は絶対」「なんだかんだいってテストの点数で人生が決まる」などという思いこみから離れられません。でも、本書にあるような教育を知ることで、教育や学校に対する思いこみから自由になれます。

個人がそれぞれに「あたりまえ」を脱ぎ捨てた集積として、社会が「あたりまえ」から解放されたとき、ようやく「学校」も変わることができるでしょう。

本書がその変化をうながす一助となることを願います。

2019年3月　おおたとしまさ

参考図書

※各章で参考にした書籍については直接的にその教育法についての書籍でなくても各教育法の参考図書に分類した

モンテッソーリ教育

『モンテソーリの発見』 著 E・M・スタンディング 監 クラウス・ルーメル 訳 佐藤幸江 刊 エンデルレ書店
『モンテッソーリ教育が見守る子どもの学び』 著 松浦公紀 刊 学習研究社
『家庭でできるモンテッソーリ 全3巻』 編 学研教育出版 刊 学研教育出版
『子どもから始まる新しい教育《国際モンテッソーリ協会（AMI）公認シリーズ》』 著 マリア・モンテッソーリ 監訳 AMI友の会NIPPON 刊 風鳴舎
『子どもの発見』 著 マリア・モンテッソーリ 訳 中村勇 刊 日本モンテッソーリ教育綜合研究所

シュタイナー教育

『いかにして超感覚的世界の認識を獲得するか』 著 ルドルフ・シュタイナー 訳 高橋巖 刊 筑摩書房
『おうちでできるシュタイナーの子育て 「その子らしさ」が育つ0〜7歳の暮らしとあそび』 編著 クレヨンハウス編集部 刊 クレヨンハウス

『ゲーテ格言集』 著 ゲーテ 編訳 高橋健二 刊 新潮社
『シュタイナー「自由」への遍歴 ゲーテ・シラー・ニーチェとの邂逅』 著 井藤元 刊 京都大学学術出版会
『0〜7歳を大切にする シュタイナーの子育て』 編 月刊クーヨン編集部 刊 クレヨンハウス
『シュタイナー学園のエポック授業——12年間の学びの成り立ち——』 編 シュタイナー学園 刊 せせらぎ出版
『シュタイナー教育の基本要素』 著 ルドルフ・シュタイナー 訳 西川隆範 刊 イザラ書房
『シュタイナー教育基本指針〈1〉 誕生から三歳まで』『シュタイナー教育基本指針〈2〉 三歳から九歳まで』 著 ライナー・パツラフ、ヴォルフガング・ザスマンスハウゼン、イーナ・フォン・マッケンゼン、クラウディア・グラー=ヴィティッヒ、クラウディア・マッキーン 訳 入間カイ 刊 水声社
『シュタイナー自伝〈上〉〈下〉』 著 ルドルフ・シュタイナー 訳 西川隆範 刊 アルテ
『シュタイナー哲学入門 もう一つの近代思想史』 著 高橋巖 刊 岩波書店
『シュタイナー入門』 著 ヨハネス・ヘルレーベン 編 河西善治 訳 川合増太郎、定方明夫 刊 ぱる出版
『シュタイナー入門』 著 小杉英了 刊 筑摩書房
『シュタイナー用語辞典』 編訳 西川隆範 刊 風濤社
『ベーシック・シュタイナー 人智学エッセンス』 著 ルドルフ・シュタイナー 編訳 西川隆範 撰述 渋沢比呂呼 刊 イザラ書房
『医療と教育を結ぶシュタイナー教育』 著 ミヒャエラ・グレックラー 訳 石川公子、塚田幸三 刊 群青社
『自由の哲学』 著 ルドルフ・シュタイナー 訳 高橋巖 刊 筑摩書房
『七歳までは夢の中 親だからできる幼児期のシュタイナー教育』 著 松井るり子 刊 学陽書房
『神秘的事実としてのキリスト教と古代の密儀』 著 ルドルフ・シュタイナー 訳 西川隆範 刊 アルテ
『親と先生でつくる学校 京田辺シュタイナー学校12年間の学び』 編著 ＮＰＯ法人京田辺シュタイナー学校 刊

せせらぎ出版
『人智学・心智学・霊智学』 著 ルドルフ・シュタイナー 訳 高橋巖 刊 筑摩書房
『日本の「シュタイナー」その現場から　教育・建築・農業・医療ほか』 編 白樺図書 刊 イザラ書房
『日本のシュタイナー幼稚園』 著 高橋弘子 刊 水声社
『仏陀からキリストへ』 著 ルドルフ・シュタイナー 編訳 西川隆範 刊 書肆風の薔薇
『霊学の観点からの子供の教育』 著 ルドルフ・シュタイナー 訳 高橋巖 刊 イザラ書房

レッジョ・エミリア教育

『子どもたちからの贈りもの　レッジョ・エミリアの哲学に基づく保育実践』 編著 カンチェーミ・ジュンコ、秋田喜代美 刊 萌文書林
『ファンタジーの文法　物語創作法入門』 著 ジャンニ・ロダーリ 訳 窪田富男 刊 筑摩書房
『まちの保育園を知っていますか』 著 松本理寿輝 刊 小学館
『レッジョ・アプローチ　世界で最も注目される幼児教育』 著 アレッサンドラ・ミラーニ 訳 水沢透 刊 文藝春秋
『レッジョ・エミリアからのおくりもの〜子どもが真ん中にある乳幼児教育〜』 著 森眞理 刊 フレーベル館
『レッジョ・エミリア保育実践入門　保育者はいま、何を求められているか』 著 ジョアンナ・ヘンドリック 訳 石垣恵美子、玉置哲淳 刊 北大路書房
『科学が教える、子育て成功への道　強いココロと柔らかいアタマを持つ「超」一流の子を育てる』 著 キャシー・ハーシュ＝パセック、ロバータ・ミシュニック・ゴリンコフ 訳 今井むつみ、市川力 刊 扶桑社
『驚くべき学びの世界　レッジョ・エミリアの幼児教育』 監 佐藤学 編 ワタリウム美術館 刊 東京カレンダー

『子どもたちの100の言葉　レッジョ・エミリアの幼児教育実践記録』著 レッジョ・チルドレン 編 ワタリウム美術館 訳 田辺敬子、木下龍太郎、辻昌宏、志茂こづえ 刊 日東書院本社

『発達　156号：なぜいまレッジョ・エミリアなのか』刊 ミネルヴァ書房

ドルトンプラン教育

『ドルトン・プランの教育』著 ヘレン・パーカースト 編 中野光 訳 赤井米吉 刊 明治図書出版

『ドルトンスクール方式』著 マリヤン・B・プレキシコ 刊 祥伝社

サドベリー教育

『世界一素敵な学校～サドベリー・バレー物語～』著 ダニエル・グリーンバーグ 訳 大沼安史 刊 緑風出版

『教育に強制はいらない　欧米のフリースクール取材の旅』著 大沼安史 刊 一光社

『人間育成の基礎　サマーヒルの教育』著 A・S・ニイル 訳 霜田静志 刊 誠信書房

『世界の自由学校　子どもを生かす新しい教育』編著 堀真一郎 刊 麦秋社

フレネ教育

『こんな学校あったらいいな　小さな学校の大きな挑戦』著 辻正矩、守安あゆみ、中尾有里、藤田美保 刊 築地書館

『フレネ自由学校だより　南フランスからのエアメール』著 原章二、原光枝 刊 あゆみ出版

『フレネ教育ハンドブック　子どもが育つ学びのすじみち』 編 フレネ教育研究会 刊 フレネ教育研究会

『手仕事を学校へ』 著 セレスタン・フレネ 訳 宮ケ谷徳三 刊 黎明書房

イエナプラン教育

『イエナプラン教育ってなに？』 著 フレーク・フェルトハウズ、ヒュバート・ウィンタース 訳 リヒテルズ直子 刊 ほんの木

『オランダの共生教育 学校が〈公共心〉を育てる』 著 リヒテルズ直子 刊 平凡社

『オランダの教育　多様性が一人ひとりの子供を育てる』 著 リヒテルズ直子 刊 平凡社

『オランダの個別教育はなぜ成功したのか　イエナプラン教育に学ぶ』 著 リヒテルズ直子 刊 平凡社

一般

『「発達の最近接領域」の理論――教授・学習過程における子どもの発達』 著 レフ・セミョノヴィチ・ヴィゴツキー 訳 土井捷三、神谷栄司 刊 三学出版

『ヴィゴツキー 教育心理学講義』 著 レフ・セミョノヴィチ・ヴィゴツキー、 訳 柴田義松、宮坂琇子 刊 新読書社

『ヴィゴツキー入門』 著 柴田義松 刊 子どもの未来社

『新訳版　思考と言語』 著 レフ・セミョノヴィチ・ヴィゴツキー 訳 柴田義松 刊 新読書社

『ピアジェに学ぶ認知発達の科学』 著 ジャン・ピアジェ 訳 中垣啓 刊 北大路書房

『ピアジェの教育学――子どもの活動と教師の役割――』 著 ジャン・ピアジェ 編 シルビア・パラット＝ダヤン、

アナスタシア・トリフォン 監訳 芳賀純、能田伸彦 訳 原田耕平、江森英世、岡野雅雄 刊 三和書籍
『ピアジェ思想入門――発生的知の開拓――』 著 市川功 刊 晃洋書房
『ピアジェ入門』 著 波多野完治 刊 国土社
『発生的認識論』 著 ジャン・ピアジェ 訳 滝沢武久 刊 白水社
『エミール（上）（中）（下）』 著 ジャン=ジャック・ルソー 訳 今野一雄 刊 岩波書店
『法の哲学〈1〉〈2〉』 著 G・W・F・ヘーゲル 訳 藤野渉、赤沢正敏 刊 中央公論新社
『学校と社会』 著 ジョン・デューイ 訳 宮原誠一 刊 岩波書店
『経験と教育』 著 ジョン・デューイ 訳 市村尚久 刊 講談社
『民主主義と教育（上）（下）』 著 ジョン・デューイ 訳 松野安男 刊 岩波書店
『教育思想史』 編 今井康雄 刊 有斐閣
『なぜヒトは学ぶのか 教育を生物学的に考える』 著 安藤寿康 刊 講談社
『教育の力』 著 苫野一徳 刊 講談社
『窓ぎわのトットちゃん』 著 黒柳徹子 絵 いわさきちひろ 刊 講談社
『モモ』 著 ミヒャエル・エンデ 訳 大島かおり 刊 岩波書店

掲載しております情報は2019年3月時点のもので、
変更となる可能性があります。

本文中の引用文は読みやすさを考慮して適宜、
漢字をかなに改め、
句読点やルビを付すなどを行った箇所があります。

おおたとしまさ

1973年、東京都生まれ。教育ジャーナリスト。麻布中学・高校出身で、東京外国語大学中退、上智大学英語学科卒。中高の教員免許を持ち、リクルートから独立後、独自の取材による教育関連の記事を幅広いメディアに寄稿、講演活動も行う。著書に『中学受験「必笑法」』（中公新書ラクレ）、『受験と進学の新常識』（新潮新書）、『名門校とは何か？』（朝日新書）など50冊以上。

世界《せかい》7大教育法《だいきょういくほう》に学《まな》ぶ
才能《さいのう》あふれる子《こ》の育《そだ》て方《かた》　最高《さいこう》の教科書《きょうかしょ》

2019年6月20日　第1刷発行
2020年3月15日　第2刷発行

著者　おおたとしまさ
発行者　佐藤　靖
発行所　大和《だいわ》書房
東京都文京区関口1-33-4
電話　03-3203-4511

装丁　井上新八
本文デザイン　荒井雅美（トモエキコウ）
図版作成　朝日メディア
校正　円水社
本文印刷　厚徳社
カバー印刷　歩プロセス
製本　小泉製本

ISBN 978-4-479-78474-6

http://www.daiwashobo.co.jp/